历史与现实

松冈正刚的思辨课

东方卷

松冈正刚·著
孙犁冰·译

北方文艺出版社

图书在版编目（CIP）数据

历史与现实：松冈正刚的思辨课．东方卷/（日）松冈正刚著；孙犁冰译．－－哈尔滨：北方文艺出版社，2019.9

ISBN 978-7-5317-4613-3

Ⅰ.①历… Ⅱ.①松…②孙… Ⅲ.①东方国家－历史－研究－近现代 Ⅳ.①K14

中国版本图书馆 CIP 数据核字（2019）第 145083 号

黑版贸审字 08-2019-109 号

18SAI KARA KANGAERU KOKKA TO "WATASHI" NO YUKUE HIGASHI-KAN
by Seigow Matsuoka
Copyright © Seigow Matsuoka 2015
All rights reserved.
First published in Japan by SHUNJUSHA, Tokyo.

This Simplified Chinese edition is published by arrangement with SHUNJUSHA, Tokyo in care of Tuttle-Mori Agency, Inc., Tokyo

历史与现实：松冈正刚的思辨课·东方卷
Lishi Yu Xianshi Songgang Zhenggang De Sibianke Dongfang Juan

作　者/	[日]松冈正刚	译　者/	孙犁冰
责任编辑/	宋玉成　赵晓丹	封面设计/	[俄]Dina Tsyuy

出版发行/北方文艺出版社
发行电话/（0451）85951921　85951915
地　　址/哈尔滨市南岗区林兴街 3 号
印　　刷/北京洲际印刷有限责任公司
字　　数/206 千
版　　次/2019 年 9 月第 1 版
书　　号/ISBN 978-7-5317-4613-3

邮　编/150080
经　销/新华书店
网　址/www.bfwy.com
开　本/880mm×1230mm　1/32
印　张/9.5
印　次/2019 年 9 月第 1 次印刷
定　价/48.00 元

译者前言

我初次见到松冈正刚先生，是 2010 年 11 月 6 日，先生在东京青山的螺旋大厦会堂举办的连塾讲座时。门票 3 万日元一张，容纳 300 人的会堂座无虚席。我坐在第三排，一开场就被先生的博学和幽默所征服了。茶歇时，我拿着名片，挤到先生跟前，说："我是住在新潟的中国人，今天特地为 NARASIA 来拜访您。"NARASIA 是先生的原创，意为"奈良－亚洲"，是 2010 年奈良县为纪念平城迁都 1300 周年而举办的一系列大型活动的代名词，旨在提倡将日本作为丝绸之路的终点而享受的各种恩惠还给亚洲各国。

听到我说 NARASIA，松冈先生显得很吃惊，因为这跟讲座内容完全无关；继而，先生笑了；随即，收了我这个中国弟子。后经先生推荐，我有幸被奈良县知事荒井正吾聘请为 NARASIA 委员。从 2011 年 2 月至 2014 年 3 月的三年期间，我出席了近六十场研究会和研讨会，通过与日本各界顶尖专家学者的沟通和互动，加深了对"奈良－亚洲"倡议的理解和认识。

松冈正刚先生是日本顶尖思想家、文化学者，著作等身。先生说："不管做什么工作，我都一贯坚持编辑式历史观和编辑式世界观。这是因为我希望能深切地感受到'所有的历史都是现代史''历史是现在和过去的对话''历史中隐藏着未来的秘密'这些话的意义。"

当今日本因缺乏对本国历史的反思和对东亚各国的重新认识，而迷失了今后的方向，从而陷入了政治、经济、社会的停滞甚至倒退的状态。松冈先生在本书中，纵观世界近、现代史中主要国家的辗转变迁，尤其是各国势力强弱的演变，为深度思考日本这一国家的定位提供了重要的历史观、世界观和方法论。历史观即编辑式历史观。世界观即编辑式世界观。方法论即"相互记谱编辑"，是将历史、事件、现象、文化等进行各种映射比较的方法。

松冈先生创立的编辑工学中的"编辑"，不是指特定的职业技能，而是指解析并运用信息的方法论，既是具有创造性的行为，更是沟通交流的能量源泉。在对信息的记忆与回忆、选择与行动、认知与表达等一系列过程中，有意识地进行编辑，不断推陈出新。编辑工学所提出的编辑的本质和架构，适用于对人类文化、日本文化、经济文化等诸多领域的观察与研究，在日本是一个深受各界关注的新领域。

松冈先生年轻时，曾经为马克思主义所陶醉，通过博览群书，站在世界著名思想巨人们的肩膀上，以敏锐的洞察力和深邃的思考，将欧洲的存在哲学、亚洲的佛教观和老庄思想、日本的方法意识这三方面融会贯通，并在此基础上建立了独自的思想体系。除了"奈良－亚洲"倡议以外，通过增强日本软实力向世界推介"酷日本"的构想等都基于他从日本文化史中归纳总结出的"日本式方法"。

松冈先生曾经担任日本经济产业省和文化厅的高级顾问，并为无印良品等百余家知名企业和大学提供文化战略咨询。他的思想对日本的文化界、政治界、经济界有着潜移默化的影响。

本书分东方、西方两卷，共14讲。

东方卷主要揭示了近代资本主义的原始问题，以及日本和东亚所存在的矛盾。第1讲为序章，作者从乔治亚（格鲁吉亚）讲起，提出运用相互记谱编辑方法来解读历史，找到个人的时空定位。比如，咖啡、红茶等全球化元素对全球的影响远远超出饮食文化领域。由此，在第2讲中，作者对大众社会以及国民国家进行深入思考，探讨资本主义的本质问题。在第3讲中，作者指出，近、现代史的原点在于"英国之谜"，进而通过解读《利维坦》来思考国家与宗教的关系。在第4讲中，作者从江户时代将军德川家康的对内、对外政策入手，分析了德川幕府统治下的日本在东亚的定位。在第5讲中，作者先是用较长篇幅分析了拿破仑怎样编辑（建立）帝国秩序，接着阐述了德国哲学思想、文艺理论以及民族主义的发展与影响，并指出，欧洲列强相互记谱（相互竞争相互影响）的结果是亚洲成为列强的饵食。在第6讲和第7讲中，作者讲述了面对清朝政府被迫与英国签订不平等条约的先例，日本不得不做出了开国的选择，同时日本还逼迫朝鲜开国。日本与列强为伍，相继发动了甲午战争和日俄战争，后来又吞并了朝鲜。

西方卷揭露了至今仍未得到解决的中东问题中所隐藏的欧美的欺瞒，一针见血地指出了大众迎合主义政治和网络社会的矛盾。在第8讲中，作者首先质疑道："社会果真在进化吗？"接着，阐述了《共产党宣言》的发刊对世界的影响，辩证法和唯物史观为人类思想史所做的贡献。同时，与达尔文主义和斯宾塞的社会进化论进行了比较，又客观评价了佛教世界观的影响。在第9讲中，作者一针见血地指出："当今的日本仍置身于'旧金山和约'之中。"并论述了第一次世界大战给欧洲的哲学和文学带来的影响，以及为世界格局的辗转变迁设下的伏笔。在第10讲中，作者揭示了"英国的错误"和"日本的失败"之原因在于列强的称霸野心，因此中东、印度、越南等都成了扩张和掠夺的俎上之肉。在德国，两度经济崩溃后，纳粹势力抬头，德国由此走上了法西斯道路。在第11讲中，作者对"战后日本的民主化"提出了质疑，并指出美国式的民主化以及自由主义的本质和局限性，提醒日本人不要忘记日本是被美国作为"反共堡垒"的基地之一，还阐述了各种模式的资本主义所存在的矛盾和所面临的挑战。在第12讲中，作者解读了"阿拉伯之春"所暴露的互联网全球化的悬念，以及中东伊斯兰主义所面临的问题。在第13讲中，作者指出，要想认知日本，首先必须了解冲绳。接着，对所谓"历史认识问题"进行了综合分析，并通过解读三本重要的书，对日本掩饰回避发动侵略战争的历史罪行进行了抨击。在第14讲中，作者揭示了日本人对自己的国家所抱有的纠结和矛盾心理，同时，讲述了他自己的编辑式世界观和历史观的形成过程。最后，强调了孙文和宫崎滔天之间的友谊在两个国家的革命中所起的重要作用。

本书在中国的出版和发行，能方便中国读者了解松冈正刚这位日本顶尖思想家和知识巨人的思想源头以及思想历程，进而更好地理解当代日本精英的深层主流思想，特别是其中的某些无法解决的纠结和矛盾，也能加深对日本社会动向的理解和认识。

本书中文版的问世，是值得庆幸的。在此，我衷心感谢北方文艺出版社编辑老师的热心帮助和指导。

孙犁冰
2019年6月25日，于日本新潟

目录 Contents

第 1 讲 历史中的现在与编辑型思维方式

"名字"与"面貌"在世界上或隐或现 / 003

脸书与面具 / 005

影响历史的编辑型思维方式是什么？/ 009

昨天、刚才、明天 / 009

跨越历史，理解现在 / 013

运用"相互记谱式编辑术"解读历史 / 017

辗转变迁的"人工"国家南斯拉夫与近代 / 021

世界的野心因地缘政治而变化 / 026

战略抗衡的历史中的现在 / 030

日本应该如何编辑"日本"？
——始于 18 岁的历史观 / 034

第2讲 "大家"、国家与资本主义

浓缩于一杯咖啡中的世界史 / 043

诞生于"聚会中心"的全球化元素
　　——环游世界的红茶 / 046

矛盾和问题反映着"历史的现在" / 049

"我"置身于怎样的"社会"？
　　——世界体制的动向 / 052

没有钱就没有自由吗？
　　——资本主义是什么？ / 056

情义、人情与金钱的人质
　　——资本主义经济的成规 / 0611

美好生活是听任市场就能获得的吗？
　　——在国营与民营之间 / 063

服务面前人人平等的理想社会 / 067

可以进行战争的"大家的国民国家"
　　——国民国家是什么？ / 069

非国民国家的"国家" / 073

技术催生欲望，欲望加速技术发展
　　——技术社会 / 078

资本主义发达到渗入人"心" / 082

第3讲 基督新教与利维坦

称霸世界的同龄人 / 087

用相互记谱的思维方式解读"英国之谜"
　　——近现代史的原点 / 091

英国如何利用了基督教 / 094

国王的恋情激发了英国的民族主义 / 096

混入英国的"异质"
　　——关键词是"流亡分子" / 100

不断移居的流亡分子思想
　　——理念上的移居时代 / 105

世界观的编辑方法
　　——一神教与多神多佛的区别 / 107

新教伦理的过激改革 / 110

留居者们的清教徒革命 / 113

国家是"人造人"的集合体
　　——解读《利维坦》 / 116

第4讲　华夷秩序中的将军之国

德川时代的日本如何看世界？
　　——德川家康的五项处置 / 123
东印度公司与间谍行动
　　——锁国与海禁的区别 / 126
萨摩芋与天主教
　　——外在因素的流入改变了内部 / 129
严格的"身份"社会
　　——德川统治 / 132
源于"禁止"的江户文化 / 137
中国封建王朝"明"，逐渐走向崩溃 / 140
日本的双重标准
　　——和魂汉才 / 143
这里才是世界的中心，"中华思想"
　　——华夷秩序 / 146
德川幕府摆脱中国的脚本
　　——日本学的诞生 / 150
日本与东亚的相互记谱
　　——郑芝龙、郑成功、朱舜水 / 153

开国与强制通商
　　——世界史中的德川时代 / 158
"英美纠纷"拉开了近现代史的序幕 / 161

第5讲　拿破仑、鸦片战争、国民国家

拿破仑帝国的影响力
　　——拿破仑缔造国家（一）/ 167
解放与自由伴随战争而来
　　——拿破仑缔造国家（二）/ 171
"维也纳体系"带来的五个变化
　　——拿破仑缔造国家（三）/ 174
德国人的思考
　　——观念哲学、浪漫主义 / 178
面影所唤起的"民族记忆" / 182
追求富国强兵的列强 / 185
亚洲成为列强的饵食
　　——鸦片战争 / 188
《南京条约》的屈辱 / 192

第6讲 列强为什么逼迫日本开国？

列强策划的全球性大工程和大赌博 / 199

铁血德国、陆军俄国
　　——帝国的先发制人 / 203

美国追求开拓地
　　——强迫日本开国的理由 / 207

没有战略的日本
　　——佩里与不平等条约 / 211

意大利的"维新"与国家统一 / 217

密切相关且完全相反的关系
　　——日韩、日朝的关系史 / 221

古代朝鲜的群雄割据 / 224

在朝鲜半岛的战败催生了"日本" / 227

文化兴盛的李氏朝鲜时代 / 230

明治日本强迫朝鲜"开国" / 234

第7讲 明治日本与瓜分非洲

石川啄木所处时代的闭塞与方向 / 239

"战争与文化"的明治

　　——日本帝国未能重建"日本" / 243

为什么日本垂涎朝鲜半岛？ / 248

朝鲜被炮舰打开了国门 / 251

甲午战争的原因A，B，C / 254

脱亚入欧与集体自卫权 / 258

不得不参加的"瓜分世界的游戏" / 262

"闵妃被害事件"所引发的意外结局 / 265

始于探险与发现的掠夺竞争

　　——世界被瓜分 / 267

列强瓜分非洲的历史 / 272

英国史上最丑恶的侵略战争

　　——布尔战争 / 275

瓜分非洲的疯狂

　　——帝国主义的野心 / 279

日本发动侵略战争 / 281

甲午战争、日俄战争获胜后，日本的战利品

　　——吞并韩国 / 284

第一讲 历史中的现在与编辑型思维方式

"名字"与"面貌"在世界上或隐或现

一次看大相扑比赛实况转播时,我发现枥之心刚史与卧牙丸胜这两位大力士的国籍从"格鲁吉亚"变成了"乔治亚(Georgia)"。解说员说:"东方力士枥之心刚史,出身于乔治亚,来自春日野部屋①。"我不由得这样想,乔治亚,听起来好像美国的州名一样,但不是可口可乐的罐咖啡,也跟枥之心与卧牙丸的斯拉夫风格完全不同。

格鲁吉亚位于高加索山脉南麓,西临黑海,北靠俄罗斯,西南与土耳其接壤,东南和阿塞拜疆及亚美尼亚共和国毗邻。历史上格鲁吉亚曾是许多民族、部族往来的要冲。自中世纪以来,格鲁吉亚人利用黑海沿岸温暖的气候条件,种植葡萄并酿制质量上乘的葡萄酒。格鲁吉亚是世界最早的葡萄酒产地之一,首都是第比利斯。那么,格鲁吉亚怎么变成乔治亚了呢?

我询问了有关方面得知,早在2009年,格鲁吉亚政府曾向

---

① 意为相扑界的春日野一门。

日本政府提出了修改日文国名的申请，当时民主党政权没有回复。2015年4月22日安倍晋三首相在与乔治·马尔格韦拉什维利总统共同举办记者招待会时，发表了将格鲁吉亚的日文名称改为"乔治亚"的决定。并经众、参两院全体一致通过后，在官报上发表。在同年5月举行大相扑夏季比赛期间，大相扑协会和日本放送协会（NHK）都开始使用"乔治亚"这一说法。

我就是看相扑比赛实况时，才发现这一变化的。在我看来，"格鲁吉亚"与"乔治亚"是两副不同的"国家面貌"。

历史拥有各种各样的"面貌"。这些面貌会有各自的名字。一般来说，说起名字，会让人联想到"人"。"国家""城市""村庄"也都有各自的名字和面貌。

但是，"面貌"和"名字"在社会中并不总是"能看得到的"，有时是"隐藏着的"。

刚上小学时，被叫到名字时要答"到"。老师会看学生的脸跟名字对号。在机场出示护照时，名字与脸也会被核对，如果出入境管理人员一直盯着自己看，就会觉得自己是不是做错了什么事。核对国籍时也是如此。到了18岁就享有选举权，去投票处投票时，名字会被核对。可是，投票时却是不记名的。在这里，投票人的名字是不为人知的。同时，候选人如何呢？候选人不但名字被大肆宣传，还必须让投票人记住自己的长相。

这有些蹊跷吧。面貌和名字有时被出示，有时则被隐藏。一般认为选举是非常民主的，可是，"看得到的"与"隐藏着的"，却不是完全一致的。

脸书与面具

当今，因特网已经网罗了世界的各个角落。进入这一网络需要个人账号。有时是需要真名实姓的，有时用网名就可以。个人账号既是名字，又是相貌。

所有的网络用户都成为"终端"。这与以往技术文明的成果相比，有天壤之别。这些终端是与"大家"（世界的信息）连接在一起的，因此，在任何终端上都存在着"世界"。这就叫作普适计算（Ubiquitous computing），是前所未有的。

普适计算这一概念是1991年由美国施乐（Xerox）公司PARC研究中心的马克·维瑟（Mark Weiser）首先提出的。最初有"神是无所不在的"的拉丁语意，以示"无论何时、何地、何人"的意思。网络与终端的关系和"普遍存在的神"相媲美，这一说法有些傲慢，究竟网络是神，还是终端是神，概念模糊不清。

终端将自己的个人账号输入网络中，这样的行为一定是被记录保存到什么地方的，因此也有外泄的可能。这就是名单外泄。有的黑客就会设下圈套。也就是说，"名字"和"面貌"会存积在什么地方，这不是网络特有的现象；社保卡和信用卡的信息也被存积在什么地方。最近日本政府开始实施个人纳税号码制度，所有的个人纳税号码也被国家存积起来。

历史就是由"名字与面貌"的大量重叠和多种组合构成的。但是，历史中的"终端"不是千篇一律的，而是在所有过程之中复杂地或隐或现的。

脸书（Facebook）是将"名字"与"面貌"和个人信息相交换的媒体，是飞速发展的社交网络服务网站（SNS）之一。这是马克·扎克伯格在就读于哈佛大学期间为跟同学们建立网上影集而创建的。

一年前，我听马克·扎克伯格的演讲时，曾怀疑自己的耳朵是否出了问题。他这样说道："如果脸书进一步普及的话，在同事面前和在朋友面前持有不同面貌的人会越来越少。拥有两种以上身份认同（identity）的人，会被认为不够诚实。"

说拥有两种以上身份认同的人不够诚实，是一种令人诧异的社会观。历史上不公开面貌与名字的事例数不胜数，也有过众多身份认同不被承认的阶层或职业。有人像莎士比亚那样到最后都不肯道出真实姓名，还有人像葛饰北斋[1]那样用过好几个笔名。不管什么时代，不愿意把自己的相貌或名字公之于众的人都是绝大多数。

退一步说，信奉伊斯兰教的众多女性至今还用面纱遮住自

---

[1] 日本江户时代后期著名浮世绘画家。

己的脸。有的面纱长到能遮到背部。面纱在伊朗叫恰道尔（音译）。在阿富汗，叫布鲁卡（音译）的面纱居多。眼睛的部分是网眼的。不能因她们用面纱遮住脸，就断言她们丧失了身份认同。

最近，中东的"伊斯兰国"战士们大都用黑面具遮住脸。黑面具是从前山区游击队常戴的。最近，每天都有报道说在某地发生了恐怖爆炸事件，却很少公开恐怖分子的名字。

"身份认同"是德裔美籍心理学家埃里克森①为了描述寻求"自我同一性"的年轻一代人心理，而提出的心理学概念。不是指用脸书后，不管对家人还是对同事都是同一副面貌的意思。不如说自我身份认同的动摇才是埃里克森所定义的身份认同的本意。

可以说，"名字"与"面貌"将历史与现在连接在一起，不断或隐或现，并将各个历史时期中的"现在"串联起来。我并不想对那位卖弄小聪明的马克·扎克伯格说教，而是觉得，说具有一个身份认同就是诚实的表现是不现实的。

我认为，最近世界上的人每天都是在脸书和面具这两个"面貌道具"之间穿梭往来的。

脸书是从个人主义到积极社交派，而面具则是从非个人主义到超个人主义甚至到间接存在派。两者之间存在众多的个人，既有生活，又有工作。这些都包含在资本主义之中，而且跨越国家以及民族和部族。

---

① Erik Homburger Erikson, 1902—1994 年。

这样的现象为什么会发生？我认为其中存在着一些概念对比的问题，例如，"我"与"国家""民族"与"语言"，还有"个人"与"组织""（网络）注册"与"犯罪""网络"与"现实"等等。这本书是写给不了解近、现代史的年轻人的，也欢迎父母和老师们读一读。

影响历史的编辑型思维方式是什么？
昨天、刚才、明天

我小时候，日文中没有像面具这样漂亮的名词，用来遮住脸的东西叫"ほっかむり"（遮脸布）。写成日文汉字就是"頬被り"或"頬冠り"。用手巾遮住头和脸，以遮阳、防雪或防尘。

我父母曾经教育我说："做了坏事却遮住脸，那是不行的。"还说过："某人营私舞弊却遮住脸。"做了令自己尴尬的事情，却装作不知道。遮住脸的话，就分不清谁是谁了。这个说法一定是这么来的。

2015年，日本迎来了战后70周年。

从太平洋战争和日中战争（即指日本侵华战争）结束，至今70年。从两枚原子弹分别在广岛和长崎爆炸，至今70年。从美国占领日本、东京审判（远东国际军事法庭）、制定与颁布《日本国宪法》，至今70年。2015年8月15日，准确地说，是自日本接受《波茨坦公告》那天算起，正好70年。安倍晋三首相发表了《战后70年谈话》。

　　日本抱有什么样的历史认识，受到亚洲邻国的关注。日本是否承认在日中战争以及太平洋战争中对邻国犯下的"罪行"。如果承认的话，就要老老实实地谢罪，不要遮住脸逃避责任。

　　日本自民党政府多次解释说，已经承担责任并谢罪了。但是，中国和韩国不接受日本政府的这种说法，说如果日本真有这样的认识，日本首相就不会参拜靖国神社，日本政府也不会将曾强制韩国人劳动的岛屿申请为世界遗产。这就是常说的"历史认识问题"。

　　国与国之间的"遮住脸"，反映出了各自历史认识的差异，有时容易发展成重大问题。这是十分微妙的，就像希贾布（穆斯林妇女戴着的头巾）、尼布卡（面纱）和波卡（罩袍）那样各不相同。再仔细想想的话，会感到费解。因为其中还存在"国"和"国家"的面子问题。"面子"这两个字就是指"脸面""颜面"。是否互相给对方"面子"才是问题的所在。

　　个人的面子问题会引起各种麻烦，更不用说一个国家撕破对方国家的面子，或者撕破了对方的面子又不肯道歉等等，就更加复杂了。

　　谈到历史认识问题，就一定会提到靖国神社问题。曾经在东京审判时被宣判的甲级战犯被"合祀"在靖国神社这一消息于1979年4月被公之于世。而后，日本的首相们又相继前去参拜。其中，太平正芳、铃木善幸、中曾根康弘共参拜了21次靖国神社。中国一直对此表示谴责。特别是，1985年8月中曾根首相参拜靖国神社时，中国表示了强烈的不满和谴责。

从"脸面"上说，参拜靖国神社，究竟是公职行为还是私人行为？这一直是舆论界的焦点。国家也有"脸面"。有关国家的脸面问题到底有什么背景？本书将对此进行一系列的思考分析。同时，也将阐明"我"与"大家"的概念本质。

本书的整体结构是，追溯到100年前乃至200年前的历史，逐步阐明世界与日本在编辑型思维方式上的区别，及其对当今的世界与日本的关系带来了怎样的影响与负担。

特别是，关于国家的编辑型思维方式是我要论述的一大课题。

后面我将说明编辑型思维方式的概念。在这里，请暂时把它理解为，是一种通过相互沟通和换位思考，来促进相互理解和认可，并唤起联想的思维方式。其中，面子问题也必然包含在内。

但是，要阐明的是，我所重视的编辑型思维方式不是为了互不伤面子的技能，而是"影响历史观的编辑型思维方式"。

历史本来就不仅仅是过去所发生的事情的累积聚集。确实，过去发生的所有事情都叫作历史，但这个"过去"中，有前天、昨天，也有刚才。日本国家足球队在参加世界杯足球赛之前，将世界杯参赛前的心情都"预属"于未知的"明天"。来自意大利的阿尔贝托·扎切罗尼（Alberto Zaccheroni）教练率领的日本队惨败，在与巴西队大战中的表现也令人大失所望。转瞬之间，这些就都"隶属"于历史了。

一般来说，人们几乎不会考虑昨天、刚才和明天是"历史"。所以，人们常说"明天的事情不知道"。不管什么事情，不揭晓是不知道结果的。

即使如此，不管是什么总选举，还是伊拉克战争的开战，包括宇多田光（日本著名歌手）的出道、文艺复兴时期的绘画、法拉第定律、第一次世界大战、F1 史上最伟大的赛车手艾尔顿·塞纳（Ayrton Senna da Silva）的事故等等，这些家喻户晓的事情，不一定是过去，现在仍在"这里"。也就是说，我们时时刻刻存在于"历史的现在"之中。

但是，只有昨天、刚才和明天，很难让我们体会到自己存在于历史的现在之中。如果试着回到 5 年前、30 年前、100 年前的"昨天、刚才和明天"，就会渐渐感觉到自己确实存在于在历史中的现在中，换句话说，是存在于现在的历史中。

为了让读者能有这样的切实体会，本书通过阐述近现代史，特别是至今为止的历史是怎样被编辑的，尽量从更广的角度提出问题，从而加深读者对"影响历史观的编辑型思维方式"的理解。

跨越历史，理解现在

  日本历史学家冈野友彦先生有一本著作叫《源氏与日本国王》（讲谈社），书中的很多内容令我恍然大悟。

  光源氏的本名叫什么，大家知道吗？天皇为什么没有姓，大家知道吗？菅原道真（スガワラのミチザネ）、平清盛（タイラのキヨモリ）、源赖朝（ミナモトのヨリトモ）的读音中都有一个"の"，而新田义贞、足利尊氏、织田信长、德川家康的读音中却没有，大家知道这是为什么吗？

  读这本书之前，我也不知道。原来，藤原定家的读音是"フジワラのテイカ"，而藤原纪香（日本著名女演员）却不能读成"フジワラのノリカ"。现代人的姓和名之间不加"の"。

  这究竟是什么原因呢？要寻找答案，请阅读《源氏与日本国王》这本书，或者浏览我15年前开设的读书导航网站《千夜千册》。日本有"赐名"的历史，姓和名之间的"の"就来源于此。即便是我们的姓名这样的问题，究竟什么继承了历史，什么与历史分割开了,也都搞不清楚了。或者说,是我们对这样的事情感觉越来越迟钝了。

历史中蕴含着某种编辑的力量,其意义和意图却不知自什么时候起,都变得不明了了。"国家"的名字也是一样的。

下面,我举几个例子。

我在上文中提及了"格鲁吉亚"和"乔治亚(Georgia)",其国名来自格鲁吉亚语的"萨卡特维罗(Sakartvelo)",意思是"卡特利(Kartli)人的国家"。卡特利是格鲁吉亚中部的地名,追溯历史,卡特利人建立的格鲁吉亚王国曾经兴盛于11世纪。

但是,其历史中的大部分时期,先后受到波斯帝国(阿契美尼德王朝)、罗马帝国、蒙古帝国、奥斯曼帝国等大国的统治;到19世纪,被亚历山大一世的俄罗斯帝国兼并;俄国革命后,成为苏联的始创成员国之一,当时的国名叫"格鲁吉亚苏维埃社会主义共和国"。

1991年苏联解体后,格鲁古业获得独立,改国名为"格鲁吉亚共和国",并加入了联合国。联合国的加盟条件有很多,简单地说,该国是否是独立的"国民国家",或者是否具备"独立国家"的条件。当时的格鲁吉亚具备了这些条件,加盟联合国,并采取了亲近欧美、疏远俄罗斯的路线。有关"国民国家",将在第二讲阐述。

那以后的一段时期,由谢瓦纳兹任总统。2008年,因南奥塞梯自治区问题,格鲁吉亚与俄罗斯发生了军事纠纷,以致于断交。当时被选择的国名是"乔治亚(Georgia)",而不是俄语发音的"格鲁吉亚"。就这样,没给俄罗斯留面子。

这表面上不过是改了国名而已，而其中却有更大的背景令人心痛。

对今天普京政权下的俄罗斯而言，格鲁吉亚的领土是南部大门，相当于黑海的要冲。因此，有一种说法是，俄罗斯发给南奥塞梯人俄罗斯护照，促使西北部的阿布哈兹分离，以将格鲁吉亚东西分裂。

另一方面，"格鲁吉亚"和"乔治亚（Georgia）"希望加入欧盟，彻底脱离俄罗斯。现在，这两种力量互相牵制，拔河比赛还在继续。

为什么黑海和里海之间的地区自古以来被称作"高加索走廊"呢？是因为这里从很早以前，就受到奥斯曼帝国、俄罗斯帝国、波斯帝国的威胁。"高加索走廊"是从欧洲的角度来看的"非欧洲"的开端，同时还是从中亚到欧洲输送石油时不得不重视的地区。

因此，欧盟有必要与格鲁吉亚、亚美尼亚、阿塞拜疆搞好关系。但是，对俄罗斯而言，高加索走廊是不能轻易放弃的。2015年，俄罗斯失去了格鲁吉亚和五百年来的粮仓乌克兰（但其掌控了克里米亚）。所以，俄罗斯不会让步的。

格鲁吉亚是否处于历史中的现在，这需要跨越历史各阶段才能知道，需要跨越东西半球、跨越时代、跨越人物。将罗马和长安进行比较，将但丁和鸭长明① 进行比较，将鸦片战争和

---

① 1155—1216年，日本平安时代末期歌人。

佩里来航[①]进行比较，将肯尼迪和戈尔巴乔夫进行比较。除此以外，还需要比较各国各民族的生活样式、流通的食品、家居的特色等等。

面纱与"遮脸布"、朝鲜泡菜与日本咸菜、挂在衣服挂上的洋装与折叠得平平整整的和服，它们都各有什么不同，可能与什么重要的因素相关联。日本人扳着手指数数的时候，先将手张开，从拇指开始，一二三地数下去。而美国人会先攥起拳头，将手指一个个伸开数。这其中有什么不同？

再放大一下视野，比如，神话故事、宗教差异、以及祭祀活动的特征等也需要经过多次跨越来解读。沙漠型的一神教与森林型的多神多佛的信仰，很可能对基于风土或信仰的思维方式产生巨大影响。有关语言的区别，也需要更加深入的考察。日文的"亲分气质（老大义气）"和英文的"leadership（领导能力）"不能混同在一起；日文的"白黒をつける"（分清是非）和英文的"judgement（裁决）"在语义上是有区别的；还有，日文的"言い分"（想法）和英文的"message（思想、要旨）"也是有区别的。

[①] 又称黑船来航。1853年美国海军准将马修·佩里率舰队驶入江户湾浦贺海面，美国以炮舰威逼日本打开国门。

运用"相互记谱式编辑术"解读历史

我 45 岁那年和伙伴们一起创立了编辑工学研究所。那时，挂起了酝酿多年的"ISIS"大旗。"ISIS"是 Interactive System of Inter-Scores 的缩写，意思是追求相互记谱型的系统性互动编辑。

将历史、事件、现象、文化等广泛地进行比较投影来观察，这种方法可以称作"用相互记谱的方式进行编辑"。这种"相互记谱式编辑"是我多年来的一贯主张，"相互记谱"有"跨越记谱"的意思。

从广义上讲，"记谱"（score）的意思是，事件和行为等的记录或痕迹。好像钢琴的乐谱、棒球的得分记录、烹调的食谱一样，"记谱"将我们的工作、行为和事件用各种记号或表示方法保留下来。英文的 scoring 有做记录的意思。许多事件及其过程都被做了记录。股价波动图、偏差值、选举快报等都是"记谱"。

被"记谱"的不仅是人们的行为，地层、气象也可以"记谱"。只要掌握"记谱"方法，就既能知道寒、暖流分界线和风向，又能掌握植物的生长状态。星座是巴比伦尼亚或春秋战国时的古代人连接天体星星的记录。罗盘针是标示航海人的预定和轨迹的指针式仪器。

从"记谱"中可以看出各种情况。动物留下的脚印、猫狗留下的记号等也是一种"记谱"。我看过研究幼儿图画的美国心理学家罗达·凯洛格（Rhoda Kellogg）在调查20万张幼儿涂鸦时的研究记录，发现不同记录之间凸显着令人震惊的相关性。

对"记谱"开始关注以后，有时只看记录，就能想象并再现发生过的事情。钢琴家看乐谱脑海里就会浮现出乐曲；职业棒球教练看棒球得分记录就能想象出比赛全过程。

当然，也有相当复杂的"记谱"。比如，统计学中有应用"信用记录"模式化的手法。这是关于融资对象的预想损失、违约率、违约时损失率等信用状态的参数，在定量数据的基础上做出算式而计算出来的。运用这一手法，能了解到信用结构中的各种特征。

对比各种记录，就会发现在不同的情况之间、不同的现象之间有非常相似的部分，或是在某些环节发生了变化的过程。这种通过跨越复数的记录发现新特征的方法，是基于"同种比较型相互记谱"的编辑。例如，钢琴曲乐谱的比较、棒球或足球比赛的得分比较、烹饪食谱的比较等等。

此外，比如，跨越汽车尾气排放总量的记录和臭氧洞大小变化的记录，或者把西瓜生产量和啤酒消费量以及无袖衬衫的销售量连在一起，等等。从看似没有什么关联的过程中，发现其中的因果关系,这叫"异种交配型相互记谱"。

这些发现相关性的过程是上乘的编辑。可以想象一下电影的编辑,通过不同的画面(也可以看作"记谱")衔接,能创作出各种不同的故事。

我在学习历史的时候,就多次尝试过这样的同种比较型和异种交配型的相互记谱。

自古以来,历史就是经编辑而成的。从古希腊的希罗多德、中国古代的司马迁以来,有过大型的编辑、中型的编辑、小型的编辑。

其中既有"类的编辑",也有"个的编辑"。我们今天的世界和社会以及文化,都是在经过众多编辑的基础上而形成的。

我的历史观用一句话来概括,就是"编辑的历史观"。为了培养这种历史观,我一直都注意的就是在各种历史变化之中,首先要区分两种倾向。一是找出"相同性"和"个别性";一是看清"同质性"和"异质性"。

比如,关注一下鲁特琴这种乐器,就会发现阿拉伯的乌德琴、欧洲的鲁特琴、中国的琵琶、日本的琵琶都十分相似。不仅形状相似,音色也相似。但是,演奏方法却完全不同。欧洲人不会像日本的琵琶法师(和尚)那样弹奏鲁特琴。因为日本的琵琶法师是以说为主的。

那么,印度的西塔琴、西亚的塞塔尔琴(Setar)、土耳其的撒兹琴(Saz)、俄罗斯的巴拉莱卡琴、哈萨克的冬不拉琴又如何呢?可以说很相似。大家如果喜欢民族音乐,马上就会了解。同时,也有一种不希望把它们混同在一起的想法吧。实际上，如果给这些乐器配上演奏方法、节奏、舞蹈、唱法等的话，就完全不同了。也会发现，这些乐器是各民族用来表达哀愁之情的。

这样，将对象或放在一起看共性，或分开看区别，或看其相同性，或看其个别性。通过各种方法的综合运用，来锻炼自己洞察历史的能力。

总之，观察历史的时候，不要把这种辗转轮回（かわるがわる）分割开的。要在意识到相互记谱的同时，逐步锻炼并运用自己的编辑型思维方式。

要想领会这种思维方式，第一，必须寻求类似性，跨越地区和时代，摸索出体系和框架。第二，需要沉浸于调查某种乐器的个别性及其使用方法、演奏集团之中。历史研究也需要运用这两种方法。

但是，有时这两种方法需要互换。本书不是为了让读者研究历史而写的，而是启发读者重视并运用这种编辑型思维方式去观察历史的辗转轮回。把历史看成是辗转轮回的，就是"站在历史中的现在"，就具备了"影响历史的编辑型思维方式"。

下面，关于"国"与"名"和"脸"，我介绍一个有些极端的外国事例。日本的年轻读者可能认为这种事情不会发生在日本，也不能理解一个"国"为什么会有这么大的变化。可是，这种想法本身是有问题的。本书在下一讲，将这样的例子尽量用相互记谱的方法进行编辑。

辗转变迁的"人工"国家南斯拉夫与近代

以前有一个叫南斯拉夫的国家。

南斯拉夫位于巴尔干半岛中部。首都是贝尔格莱德。人口因发生过许多变迁而无法确定,最多时达到两千万人。南斯拉夫的足球很厉害,出过著名选手德拉甘·斯托伊科维奇。曾经风靡一时的前日本足球队主教练伊维卡·奥西姆就是南斯拉夫人。

但是,严密地说,南斯拉夫这个国名,是从1945年到1990年这45年的国名。

这个国家是在第一次世界大战后,因当时民族自决运动高涨而建立的马赛克式国家,全名叫"塞尔维亚—克罗地亚—斯洛文尼亚王国"。塞尔维亚人、克罗地亚人和斯洛文尼亚人将各自的民族自决圈联合在一起,国名就好像三张脸拼成的马赛克图案一样。国名读起来不太顺口。1929年将国名定为"南斯拉夫王国",即"南斯拉夫"。这是近现代史上的第一个南斯拉夫。

但是，1941年纳粹德国入侵巴尔干后，这个南斯拉夫王国被轴心国（德国、意大利、匈牙利和保加利亚）解体并占领了。分裂后不久，登上历史舞台的是反法西斯、反纳粹的革命家约瑟普·布罗兹·铁托（1892—1980年，前南斯拉夫总统）领导的南斯拉夫共产党。在二战中，铁托展开了不屈不挠的抵抗运动。

1945年，纳粹德国和轴心国被反法西斯同盟国歼灭后，铁托成立了共和制联邦国家，即南斯拉夫联邦共和国（南斯拉夫社会主义联邦共和国）。当时，从北到南，斯洛文尼亚、克罗地亚、塞尔维亚、波斯尼亚—黑塞哥维纳（波黑）、黑山、马其顿，这六个共和国组成了联邦。国家就有了六张"脸"。就好像拼图国家一样。这是历史上的第二个南斯拉夫。

社会主义南斯拉夫与苏联以及苏联型的东欧圈划清界限，维持特有的政体和政治力量。

我在早稻田大学读书时，有一天，前辈突然问我："你对铁托的人造黄油共产主义怎么理解？"于是，我就跑进图书馆查询铁托的南斯拉夫自主管理型社会主义，想知道究竟。当时，苏联的斯大林国家社会主义势力强大，能与其对抗的只有铁托和毛泽东。

但是，铁托政权下的南斯拉夫对外和七个国家接壤，国内形势极为复杂，其所辖的六个共和国之间关系紧张，五个民族的"脸"相互竞争。同时，国内使用的斯洛文尼亚语、克罗地亚语、塞尔维亚语、马其顿语等四种语言相互交错。国内沿袭下来的多种宗教并存，包括基督教、天主教、希腊正教、伊斯兰教等及其他教派。面对这种复杂的国内形势，铁托要在社会主义体制下进行管理，其困难可想而知。

果然，领袖人物铁托于1980年去世后，国内的民族独立运动高涨。首先，在科索沃发生了要求独立的运动，接着，斯洛文尼亚民众的不满一发不可收拾。斯洛文尼亚在经济方面与西欧关系最为密切，而周边的塞尔维亚和克罗地亚却认为自己被其拖了后腿。另一方面，克罗地亚人开始主张扩大自己的权利。

在这样的形势下，在塞尔维亚，民族中心主义者斯洛博丹·米洛舍维奇率领的势力抬头；在克罗地亚，弗拉尼奥·图季曼率领的克罗地亚民主联盟占到了议会的三分之一议席。于是，本来就濒临危机的均衡开始动摇了。在塞尔维亚和克罗地亚互相激烈角逐期间，1991年斯洛文尼亚共和国和克罗地亚共和国分别宣布独立。

塞尔维亚认为这是非同小可的。塞尔维亚率领的南斯拉夫军队立即同斯洛文尼亚开始了十天的战争，同克罗地亚进入了长期交战状态。这就是克罗地亚战争，局势极为紧张。

1992年4月，塞尔维亚共和国与黑山共和国联合成立了"南斯拉夫联盟共和国"。这就是第三个南斯拉夫，简称"南联盟"。

如此这般，南斯拉夫是经历了三个阶段并在短期内辗转变迁的国家。而且，其大部分没有形成近代国家的国体。因此，很难分辨"脸"在哪里。

那以后，随着米洛舍维奇总统的暴政加剧，在波斯尼亚和黑塞哥维纳发生了民族信仰战争，同时，科索沃局势因北大西洋公约组织（NATO）和美国中央情报局（CIA）的介入而变得更为紧张，南斯拉夫问题成了世界上最为复杂的问题。

在20世纪的这60年间所发生的南斯拉夫的辗转变迁，令人思考近代国家究竟是什么。特别是，这样的例子在日本历史上未曾发生过，所以，更值得日本人深思。在西方卷第13讲中，我将阐述"琉球与冲绳"的历史有与此相似的特点。

那么，我们讲南斯拉夫的例子同历史上的什么事例进行比较呢？我认为应该尝试各种比较。比如，可以与上述的格鲁吉亚进行比较。至于从什么方面将南斯拉夫同格鲁吉亚进行比较，既可以看国家的财政状况、外交关系，还可以看生活文化方面。

当然，不管从哪一方面着眼，都有观察比较的价值。相互记谱式编辑就是从格鲁吉亚到俄罗斯局势，从俄罗斯到乌克兰局势，到乌克兰和欧盟各国的关系，再从黑海周边的所有事件的辗转变迁，到"高加索走廊"的历史，一个接着一个地去跨越。

那么，从其中的几个交点中，就会有新发现。比如，在爱德华·谢瓦尔德纳泽之后的米哈伊尔·萨卡什维利总统（格鲁吉亚），曾经让叫作"青年先锋"的少年组织在集训时进行AK-47突击步枪射击训练。AK-47突击步枪是苏联著名的枪械设计师米哈伊尔·季莫费耶维奇·卡拉什尼科夫设计的，为历史上生产和使用量最多的突击步枪。现在，中东的戴黑色面具的战士们都持有这种突击步枪。

那么，萨卡什维利总统为什么这么做呢？一般认为是因为黑海沿岸的阿扎尔地区的阿斯兰·阿巴希泽要发动内战。其背后有俄罗斯的影子。

　　这是运用相互记谱式编辑手法的一个假想路线图。虽说是假想路线图，但是能拥有这样的视点，是将"历史中的现在"大胆地运用于其中，并进行解读。

　　下面，我们来关注一下在相互记谱式编辑的背景中发现的新理论，即世界上的霸权国家所利用的"地缘政治学"。

世界的野心因地缘政治而变化

20世纪初，德国政治地理学家弗里德里希·拉采尔（Friedrich Ratzel，1844—1904年）曾写道："帝国为了生存，必须继续扩张。"

拉采尔只不过是站在地理学这一学术角度这样说的。而其弟子瑞典学者鲁道夫·谢伦（Rudolf Kjellén）认为这一见解中存在新的学问领域，即地缘政治学（Geopolitics）。谢伦认为："国家的生存需要的是实力，法律次之。""海洋国家最终向大陆国家发展，必须精通大陆的地缘政治学。"谢伦是第一个思想深邃的地缘政治学家。

地缘政治学是研究地理位置关系对各国的政治、经济、军事关系以及国际关系产生的各种影响的学问。其中，包括关于语言、民族文化、生活习惯、饮食习惯、技术水平的判断、信息发布能力的判定等。这正是相互记谱式编辑的既广博又深厚的基础学问。

德国学者卡尔·豪斯霍弗尔（Karl Haushofer，1869—1946年）在初期的地缘政治学的概念和成果的基础上，进行了发展，并主张，"为获得维系国力的资源，国家需要确保'生存圈'。"也就是说，国家为了维持自己的力量而需要有地缘政治学意义上的生存圈做保证。

这是很可怕的想法。一个国家却到别的国家的领土上去发现自己的生存圈。扩张主义正是在这种地缘政治学的鼓动下而蠢蠢欲动的。

长期来看，地缘政治学在陆地上和在海洋上是完全不同的。陆地力量和海洋力量是不同的战略对象。

重视陆地力量的"大陆腹地说（心脏地带理论）"以英国学者哈尔福德·约翰·麦金德（Halford John Mackinder，1861—1947年）及其弟子为代表。这一学说主张从战略上控制相当于陆地中心的"大陆心脏"。"大陆心脏"指地理上的重要部分。对英国、美国而言，大陆心脏就是欧亚大陆的要地。

英国人把大陆心脏定位为土耳其和以色列。本书在西方卷第10讲中介绍，英国通过利用"阿拉伯的劳伦斯"等来瓜分奥斯曼土耳其帝国的土地。《侯赛因·麦克马洪通信》《赛克斯－皮科协定》《贝尔福宣言》的相继出现，就是英国大陆心脏战略的具体实例。

另一方面，"海洋地缘政治学"是美国以阿尔弗雷德·赛耶·马汉[①]为代表制定的战略脚本，被海军运用于太平洋战略

[①] Alfred Thayer Mahan，1840—1914年，美国海军少将、历史学家、战略专家。

中。美国正是按照马汉的海洋地缘政治学，包围了巴拿马运河，兼并了夏威夷，买下了菲律宾，最后制胜太平洋战争。详细内容请参照东方卷第6讲。

接下来，任教于耶鲁大学的政治学家尼古拉斯·斯皮克曼（Nicholas J. Spykman，1893—1943年）提出了着眼于控制"边缘地带（Rimland）"的战略。边缘地带是指大陆沿海地区；对美国而言，边缘地带则是指欧亚大陆的沿海地区。斯皮克曼甚至描绘了如下令人悚然的战略脚本。

①美国跟入侵心脏地带（Heartland）路线的沿线主要边缘地带国家结盟；②为保证这一入侵路线畅通无阻，不允许边缘地带国家更强大；③如果各边缘地带国家间的同盟不把美国包括在内，就要分割瓦解它；④不允许心脏地带国家被边缘地带国家所控制。

这简直是为所欲为。大国总是会制定如此独断专横的战略脚本。再回到地缘政治学的话题。在不知不觉之间，当时的陆地地缘政治学和海洋地缘政治学如果不合二为一的话，就落后于时代了。有必要将两个地缘政治学立体地重合在一起。最近中国国家主席习近平所倡导的"一带一路"构想，就是要将陆地和海洋的地缘政治学结合在一起，是21世纪的陆地丝绸之路和海上丝绸之路的结合。

最近，作为美国的边缘地带，环太平洋地区受到极大关注。这是因为中国在日益强大。中国对南沙群岛的动向也是一个敏感问题。美国需要重新管控环太平洋地区。这样看来，可以说TPP（跨太平洋伙伴关系协定，Trans-Pacific Partnership Agreement）是为美国式边缘地带战略而写的脚本。

战略抗衡的历史中的现在

罗伯特·D.卡普兰（Robert D.Kaplan）有一本著作叫《地缘政治学的反击》（The revenge of geography: what the map tells us about coming conflicts and the battle against fate, Random House, 2012.）。书中介绍说，20世纪初的地缘政治学早已成了过时的学问，因此曾经一时被忽视，最近却突然重新受到关注。

我最初是对英国历史地理学家大卫·哈维（David Harvey）在合著《新自由主义简史》（A Brief History of Neoliberalism, Oxford Univ Pr, 2005.）中的地缘政治学式的写法很钦佩，才对地缘政治学开始感兴趣的。读了卡普兰的书后，我更强烈地认识到，地缘政治学的作用既是不可忽视的，又是不能过分强调的。

卡普兰既是资深国际事务记者，又是具有敏锐洞察力的战略分析家。他随着《巴尔干幽灵》（NTT出版）、《印度洋圈牵动世界》（Intershift）等著作的问世，而受到日本读者关注。卡普兰用独特的地缘政治学方法来分析风云变幻的国际形势。他曾在全球首屈一指的战略预测公司Stratfor（斯特拉福）任首席地缘政治分析师,又在新美国安全保障中心任高级研究员,参与美国的地缘政治学战略制定,被称为"背后的CIA"。

我们一起试着用卡普兰那样的战略分析家的眼光来看世界。进入21世纪以来,各国间的钩心斗角以及非国家势力的抬头日益激烈地交织在一起,各自的地缘政治学战略脚本之间发生着冲撞。同时,各自的地缘政治学脚本又相当错综复杂。卡普兰说,"9·11"恐怖袭击事件发生以后,美国面对这些错综复杂的情况,不知所措。

最近,美国政府还要介入格鲁吉亚与俄罗斯的紧张关系的交涉中,而将新保守主义派外交顾问派入其中。但卡普兰认为,其成果尚未出现。不仅是格鲁吉亚,到底哪个国家的什么战略有可能取胜,无从而知。

我同意他的看法。只有美国制定赢家的战略脚本并像"民主的帝王"一样在全世界为所欲为,这样的时代即将结束。现在美国所采取的手段,经常会招致意想不到的反美运动。卡普兰希望为美国21世纪的战略制定做贡献,他一定是想说,此时有必要建立新的地缘政治学。

比卡普兰更年轻的全球战略学者帕拉格·康纳(Parag Khanna)著有《"三个帝国"的时代》(讲谈社)一书。康纳生于印度,长在阿拉伯联合酋长国和德国,在乔治城大学主修国际关系学。

所谓的"三个帝国"指的是什么呢?指的是21世纪前半叶的美国、欧盟和中国。康纳详细论证了这"三个帝国"的地缘政治学战略因周边各国的日新月异的变化、世界上时刻处在岌岌可危的状态,而无法制定出起决定性作用的脚本。例如,他说，空袭"ISIS（伊拉克和大叙利亚伊斯兰国组织）"的"自愿联盟"（coalitions of the willing），其加盟国各有所图，在消灭"ISIS"之前更有可能分离瓦解，那时，俄罗斯等国就会趁机夺取成果。

卡普兰和康纳都有过分关注大国战略的假想脚本之嫌。事实上，正是在 21 世纪的现状中存在着所谓"历史中的现在"。

这一局面的起因之一在于当时被认为是奥萨马·本·拉登的基地组织成员发动的"9·11"恐怖袭击事件。这等于向以美国为首的各国抛出了一个难题，即如何向非"国家"的"敌人"在不宣战的情况下发动"战争"。

最近的"ISIS"首先占领叙利亚和伊拉克的边境地带，然后向对方国家的中心部挺进。即采取了一种突袭型（hit-and-run）军事战略。今后，不管是伦敦的地铁还是边境的小城，不管是巴黎的报社还是基督教的医院，任何地方都有可能成为"战略性地区"（心脏地带）吧。

那么，日本又如何呢？

日本是否应用了相互记谱式编辑或者地缘政治学的战略呢？古代的日本如何呢？中世纪和江户时代的日本、明治时代的日本、最近的日本又如何呢？

那么，从世界上的地缘政治学角度所认知的日本是什么样子的呢？

难以想象佩里的黑船是为寻找鲸鱼油而来到浦贺冲的。明治日本发动甲午战争和日俄战争、在满洲开拓新天地，也不仅是为了"五族协和"。所谓五族协和，是从明治到昭和，大日本帝国在东北亚提出的日本人、满洲人、蒙古人、汉人（中国人）、朝鲜人这个五个民族共存共荣的口号。在这个问题上，日本当然打了地缘政治学的算盘。本书将论及包括那个时代在内的"关于世界和日本的编辑型思维方式"。

首先，我要举的一个例子是，小泉内阁时代[①]的"邮政民营化"是如何决策的。

讲这一话题，是想让各位读者注意最近的"日本的编辑型思维方式"具有怎样的性质，而我们站在历史中的现在，如何重新认知世界和日本的"辗转变迁"。

---

① 指从2001年4月26日至2006年9月26日由小泉纯一郎担任内阁首相的日本内阁。

日本应该如何编辑"日本"?
——始于 18 岁的历史观

现在的日本是日美(以美国为首的第二次世界大战的 48 个战胜国与战败国日本之间)于 1951 年 9 月 8 日签订《旧金山对日和平条约》①之后,摆脱了自二战后美国的占领统治而"独立"的。与此同时,日美之间签订了《日美安全保障条约》和《日美行政协定》。此后,日本进入了强大的安保体制之中,直到今天。

美军基地分布于日本各地,其中约 75% 集中在冲绳。这当然是美国基于军事地缘政治的判断。因此,日本显然处于美国的保护伞之下,令人怀疑是否真正"独立"了。

我也对此半信半疑。姑且不论日本是不是美国的"属国"或是"第 51 个州",只要读一读《旧金山和约》,就会知道,作为独立国家条件的自治权和外交权中,只有自治权得到承认。

---

① Treaty of Peace with Japan; 通称"旧金山和约",于 1952 年 4 月 28 日生效。

在此，我借用苫米地英人的翻译，《旧金山和约》的译文是"同盟国承认日本国民对于日本国及其领海的完全主权"。因此，看起来可以理解为日本的独立得到了同盟国承认。但换句话说，就是"同盟国承认日本人民对日本及其领域的完全自治"。只有自治权得到了承认。当时，冲绳是被美国的施政权所管理的，不受日本管理。

冲绳问题在这里暂不详叙。后来日本"复兴"成功，并实现了经济高速成长，至少成了在经济上"自立"的经济大国。对此，傅高义在著作《日本第一：对美国的启示》中大加称赞。

然而，真的是这样吗？日本的政治和经济是否自立了，这是令人怀疑的。其典型例子就表现在小泉内阁时代的"邮政民营化"。当时，各位读者还是小孩子，日本要进行"结构改革"，最吸引眼球的就是着手"邮政民营化"，这是按照美国制定的脚本进行的。

进入20世纪70年代后，美国受到美元暴跌（尼克松冲击[①]）和石油危机的影响，美元一直贬值，而迎来了广场协议。其主要原因是美国对日本的贸易赤字。

虽然美国采取了一系列的美元贬值措施，但是，美国面向日本市场的产品出口并没有增加。美国认为这一障碍是日本的保护主义所造成的，于是，开始和日本进行《结构障碍倡议：SII（Structural Impediments Initiative）》交涉。1989年日本正沉醉于泡沫经济中。克林顿政权时的中央情报局（CIA）局长罗

---

① 指的是美国总统尼克松在20世纪70年代对美国外交、经济政策的重大调整，对日本政治、社会形成的"冲击"。

伯特·盖茨（Robert Gates）说："今后将 CIA 业务的四成投入到经济领域，并将其中心指向日本。"

首先，修改大店法，为了给美国的零售业进驻日本市场提供方便。1993 年，美国总统克林顿和日本首相宫泽喜一就《日美包括经济协议》达成了一致。从第二年起，美国每年都用《年次改革要望书》①，向日本提出各种无理要求。实际上，其内容正是"日本的结构改革"。修改建筑基准法，改革司法制度（建立审判员制度）、修改劳动者派遣法（放宽对人才派遣行业的限制）等都是按照《要望书》着手进行的。

即使如此，对美国方面而言，仅这些并没有带来大量金融资本的流入。美国没有达到目的，于是，盯上了日本 350 万亿日元的邮政储蓄和简易保险。为此，美国对日本提出的要求是"日本的邮政事业是防止外资准入的非关税壁垒，应该通过结构改革进行民营化"。而回答这一要求的就是小泉纯一郎实行的邮政民营化改革。

之所以我要讲这些，是因为今天的日本是完全遵循着日美安保同盟和这一结构改革路线的。在邮政改革之后，美国向日本提出的要求是医疗领域和保险领域的结构改革。而回应这一要求的就是 TPP 谈判。

我粗枝大叶地做了概述。我们要首先认识到这样的日本现状，再对世界和日本的近现代史进行审视。开诚布公地说，现

---

① 日文正式名称：『日米規制改革および競争政策イニシアティブに基づく要望書』；英文正式名称：The U.S.-Japan Regulatory Reform and Competition Policy Initiative。2009 年鸠山由纪夫任首相期间宣布废除。

在的日本几乎处于被美国的地缘政治学战略裹挟的状态。最近出现一些言论要修改以集团自卫权为中心的安保法制，就是以此为背景的。我认为，只有思考并摸索新的编辑方法才能展望未来。

　　古希腊历史学家修昔底德敏锐地指出："*世界是由人类内在的三个功能所决定的。*"所谓国家和国民的三个内在功能，即恐惧、利己心和名誉。

　　这些通过向外、再向外的扩张而变得如同怪物一般。这既是国家的历史，更是近代以来的"国民国家"①的历史。这是汉斯·约阿希姆·摩根索在《国际政治——权力与和平》（岩波文库）（Politics Among Nations：The Struggle for Power and Peace（1948）New York NY：Alfred A. Knopf.）中所强调的。

　　但是，作为联合国加盟国而被标准化了的各个国民国家，不让"恐惧、利己心和名誉"显现出来，有时甚至会盖上"遮脸布"。实际上，各国的野心就是建立在这三点的基础之上的。尤其在格鲁吉亚和南斯拉夫的问题上，这更是显而易见的。

　　当今，日本已经成为国际社会的一员，至于想成为联合国安理会的成员国或者成为亚洲各国的盟主等等，都是奢望。但是，日本在战败后不到半个世纪之间成了经济大国，而且在优质医疗的支撑下成为世界第一长寿国家，成绩还算不错。

　　然而，事实如何呢？我认为，日本成了在历史观方面无法

---

① nation state，中文常译作"民族国家"。

拥有自信和自豪感的国家。在政治上，日本面临的现状是在被安保法制[①]所左右的同时、为跟东亚各国的外交而伤脑筋。在社会上，则无法改变日益严重的少子化、高龄化、差距社会的长期化以及地方经济不振等现状。

年轻人又如何呢？学生们把许多对付高考标准化考试的知识记在脑袋里，上了大学后，则松懈下来，勉强毕业后走向社会，又被各种法令法规的"禁止这样做"所限制得喘不过气来。不得已成为自我中心型，希望过安全安心的生活。结果，传统文化和匠人技能等就无人继承了。

大企业和IT企业都行驶在全球化竞争的轨道上而无法减速或刹车。即使是以前重视员工的公司，现在也只关注ROE（股本回报率）了。

那么，应该怎么办才好呢？

"世界是如何被编辑而成的？"

"今后日本应该如何编辑日本？"

"日本人应该拥有怎样的价值观？"

"今后什么样的世界编辑更有希望？"

这些问题都是应该重新思考的。

因看待同质性和异质性的角度不同，有关社会或文化的共通性和差异性的特色的抽出方法也不同。例如鲁特琴（琵琶），从乐器的素材来看，从弦的根数或有无档子来看，从和弦进行来看，就知道演奏音乐的方法。以此类推，对历史的看法不同，如何看待世界与自己的关系也就明显不同。那么，是不是

[①] 2015年通过的《和平安全法制整备法》和《国际和平支援法》的总称。

应该借鉴各种观点呢?

　　本书的目的是向"我"提供一个线索,以探讨在国家方面、在国民方面、在国家和国家之间、甚至在社会和民众之间,世界是如何编辑而成的。即"国家"与"我"的去向。尤其是日本在这些问题上应该如何展望。我们一起追溯近现代史来观察一下。各位读者的"始于18岁的历史观"将受到考验。

第2讲 "大家"、国家与资本主义

浓缩于一杯咖啡中的世界史

我每天要喝 10 杯咖啡，吸 60 支烟。这些都是对身体有害的习惯，可我已经继续了半个世纪，今后没有改掉的打算。

咖啡这种饮料是何时何地诞生的，各位知道吗？

咖啡豆的原产地是埃塞俄比亚。咖啡豆从 6 世纪开始在阿拉伯半岛种植，使用奶油加工成棒状，便于旅行时携带。具有一种令人振奋的效果。

到了 13 世纪，咖啡成了大受欢迎的饮料，阿拉伯语为"Qahwa"，是叫"苏菲集团（音译）"的伊斯兰神秘派僧侣们喜爱的饮品，也就是原咖啡。"Qahwa"是煮咖啡豆熬出来的，比现在的咖啡要黏稠。

神秘派僧侣们为什么喝浓咖啡呢？是因为浓咖啡可以提神醒脑。现在人们多在饭后喝咖啡，而睡前不喝。当时的神秘派僧侣们故意为了防止贪吃而在饭前喝咖啡，又为了防止贪睡而在睡前喝。

"Qahwa"被运到摩卡港，又到了奥斯曼土耳其帝国的首都伊斯坦布尔（原君士坦丁堡），在"Qahwa之家"（即咖啡屋）开始被饮用。最初咖啡屋只有两家，到16世纪后半叶，则超过了600家。咖啡豆经威尼斯商人之手被运到欧洲，欧洲人使其散发出绝妙的香味，既香醇又美味。继而在伦敦、阿姆斯特丹，甚至在巴黎，咖啡成了绅士淑女们在沙龙或俱乐部里享受的一种文化饮料。

　　这些沙龙或俱乐部在英国叫"coffee house"（咖啡屋），在法国叫"café"。伦敦的第一家咖啡屋是1652年开业的，而后数量剧增，到了17世纪80年代已经超过了3000家，风靡一时。以咖啡屋为媒介，咖啡在伦敦成了只有绅士才能参加的聚会的象征（咖啡屋设在建筑的二楼，禁止女性入内）。而在巴黎，咖啡中被加入大量牛奶成为昂列咖啡（café au lait），受到绅士淑女们的青睐。

　　咖啡的起源与伊斯兰神秘主义有关。这可能有些令人感到意外。正如在日本，煎茶和抹茶也有类似的经历，也是颇有提神醒脑效果的饮料。这在镰仓时代荣西[①]所著的《吃茶养生记》一书中有记载。其中写的好像是非常浓的茶。

　　在这里我要强调的是，一杯咖啡逐渐改变了城市和社会的喜好、价值观。为什么这么说呢？是因为咖啡是异质的饮料。这一例子正好可以说明世界的变化是由令人意想不到的物产的

───────────
① 1141—1215年，日本镰仓时代的佛教徒，日本临济宗的创始人。

"质"而引起的。

咖啡的味道只不过是一种喜好，却成了一种价值。成为价值就是发生了价值的争夺和吸收。咖啡就是一例。

因此，即使是一杯咖啡的变迁，其中也凝缩着许多世界历史故事。比如，奥斯曼土耳其帝国将咖啡传播到各地，这一事实是非常重要的。当时奥斯曼帝国曾经拥有巨大的影响力。我在后边会补充，奥斯曼帝国（1299—1922年）曾经是游牧帝国，而且直到第一次世界大战前一直操纵着欧洲列强。

从相反的角度来看，欧洲列强试图抑制奥斯曼帝国的扩张，而多次进行了合纵连横。欧洲列强要对其穷追猛打，于是，爆发了第一次世界大战。

各位读者在学校学世界史的时候，很少会涉及这一问题，也不会提及土耳其、咖啡等，更不会有人教你"从奥斯曼土耳其的角度看世界史"什么的了。那是因为日本的历史教育长期以来支持并依赖以欧美为中心的世界观。但是我要在本书中，把改变这种视点的方法，通过相互记谱式编辑来展示给各位读者。

诞生于"聚会中心"的全球化元素
——环游世界的红茶

与咖啡同样，转瞬之间在全世界普及的事物，都可以称作"全球化元素"。因为只要是推动全球化（地球规模）的，就可以认为是全球化元素。

比如，鼠疫、太平洋蓝鳍金枪鱼、禽流感、牛仔裤、百事可乐、可口可乐、股价、期货产品、美国汽车、流行音乐、互联网、足球、寿司、脸书等，都是曾经或正在飞速传播于世界各地的全球化元素。

全球化元素通常会形成人们对其进行共享的"聚会中心"。比如，股票交易所、音乐会现场、niconico 动画等。

在伦敦不断出现的咖啡屋曾经是历史上重要的"聚会中心"，而不仅仅是喝咖啡的地方。我曾经在多本著作中写道："就在咖啡屋，孵化出了当今社会的多种商业模式。"

比如，"杂志"这一媒体就是在咖啡屋诞生的。托利党、辉格党等"政党"最初是在咖啡屋建立据点的。咖啡屋曾经是这些政治党派成员们的聚会中心。世界著名保险行——伦敦劳埃德保险公司（Lloyd's of London）等"保险公司"就源自劳埃德咖啡屋。"广告"这一商业模式也是以咖啡屋柜台上的各种宣传单为开端的。

还有，英文"novel"原来是"新奇"的意思，后来成了"小说"。这是因咖啡屋的顾客们把乔纳森·斯威夫特（Jonathan Swift）所著《格列佛游记》（Gulliver's Travels）、丹尼尔·笛福所著《鲁滨孙漂流记》（Robinson Crusoe）等称为"novel"而来。斯威夫特和笛福都是咖啡屋的常客。

这样来看，可以说咖啡屋成了后来的近现代市民社会的多种社会模式和商业模式的孵化器。这与现在的吃茶店完全不同。当今社会没有像咖啡屋那样的自由的"聚会中心"。

不仅咖啡，红茶也是推动世界历史的全球化元素。著名的红茶品牌"唐宁（Twinings）"是英国人托马斯·唐宁加工的混合品。他最初在伦敦开了咖啡屋，后来觉得从中国和印度进口红茶更有意思，就把主力产品转向了红茶。进入18世纪后，则迎来了红茶热。

于是，取代咖啡屋而流行的是"茶园（Tea Garden）"。人们的嗜好是易变的。有关茶园，夏目漱石的作品中有过"吃茶园"的介绍。

就这样，曾经掌控了咖啡的英国又开始控制红茶。当时的英国十分贪婪，什么都想掌控在手。结果，英国为谋取暴利，针对比起咖啡更喜好红茶的北美殖民地，设定了较高的茶叶进口关税①。这受到北美殖民地方面的抵制，并于1773年引发了"波士顿倾茶事件"。

这一事件成了美国独立战争的导火索。起因在于英国降低了国内的红茶消费税，却提高了北美殖民地的红茶进口关税，从而激起了北美人民的愤怒。

转来转去，可以说，是英国的"红茶刁难"推动了美国的独立。对此，我在东方卷第6讲中还将提及。

总之，历史上这种事情时常发生。尤其是，在饮食的方面结下的怨恨是难以解开的。美国将在环太平洋各国之间展开的TPP（即《跨太平洋经济伙伴关系协议》）也存在同样的问题。但是，日本人不生气。请参考中野刚志所著《TPP亡国论》等书。

---

① 英国禁止荷兰商人走私进口茶叶，给予东印度公司到北美殖民地销售积压茶叶的专卖权，并免除其高额的进口关税。

矛盾和问题反映着"历史的现在"

人们通常要把历史分成"同质"和"异质"。历史被区分成天主教和新教、显教和密教、什叶派和逊尼派、理科和文科、城市和农村、正式的和休闲的、古典的和流行的、咖啡派和红茶派等等。就像人们把"朋友"和"非朋友"区分开来一样。

什么是同质什么是异质，都是相对而言的。人们的判断是由于各自所站立场的不同而有区别的。但是，不管什么样的"同质的历史"，都是由"与异质的相遇"而发展、转变的。无论是日本还是世界各国，无论是多民族还是小地区，一般会在"同质"与"异质"各自变得清晰的时候，产生对立，甚至发展到纠纷。

纠纷通常是以一个很小的事件为起因偶然发生的。比如，自己人被打死打伤、少女遭到凌辱、在会议上受到侮辱、对方使自己丢了面子、交易被中止、村境或国境受到侵犯、新技术席卷而来等等，导火索多种多样。但是，其背景一定存在地方差距、贫富差距、领导者的意图取向、武力威胁、为政者的横暴等因素。

纠纷出人意料地突发、某当事方没有好好谢罪，或者长期积怨的时候，立即发生纷争、军事政变、武装暴动、武装起义、空袭，甚至酿成战争，或者发生恐怖事件。

历史的大部分是纷争的历史。这是显而易见的，无法掩盖。问题是，大部分这样的历史是被粉饰或被欺瞒的，就好像"遮脸布"。

粉饰自己的意图，通常是纠纷的胜利者所做的，那以后，历史观和逻辑被巧妙地敷衍成对胜利一方有利的内容。大日本帝国就是这样做的。西班牙、英国、美国、法国，可以说几乎所有的国家都是这样做的。常胜的国家最终有了一副"帝国主义"的面貌。

同质和异质的冲突，由一方对另一方的支配或包容，是自文明初始以来就不断发生的。不管是古代罗马，还是中大兄皇子[1]和苏我氏[2]，不管是阿提拉王还是成吉思汗，不管是三十年战争，还是西班牙王位继承战争、拿破仑战争、源平合战[3]、戊辰战争[4]，都是同样的。

但是，如果想从这一视点谈论现代，那就需要深入细致地

---

[1] 即天智天皇，626—672年，日本第38代天皇。
[2] 在日本6世纪到7世纪前半期拥有势力并代代都出大臣的名门氏族。
[3] 指从日本平安时代末期自1180年至1185年持续6年的大规模内乱，也被看作是衔接日本古代与日本中世时期的历史事件。
[4] 指从1868年到1869年的日本内战，明治新政府击败了江户幕府势力。

观察我们身边的历史中存在的异质、异例和异人。冲绳基地问题就是一例。如果观察,就会发现即使是巨大机制当中,也存在各种各样的怪异之处。

我们今天生存于"民主主义""资本主义"这种巨大机制中,认为这好像空气一样是理所当然的。可是,仔细观察就会发现,其中存在着许多矛盾和不合理现象。不言而喻,当今的各种纠纷和纷争都起因于此。

把这些都涵盖在内的话,恐怕就不能轻易地说"好社会""会好上加好"什么的了。不如说"存在这样那样的矛盾""存在这样那样的局限"。想把矛盾和问题用规矩捆绑住,也并不容易。而且应该说,社会发展到现在这个地步,责任并不只在今天的我们身上。

这是因为在形成"民主主义""资本主义"的基础和背景中,本来就有一些矛盾和问题的起源。为此,我在东方卷第1讲的最后提到了日美结构障碍倡议(Structural Impediments Initiative)和日本的结构改革。然而,当今的日本人对小泉纯一郎的结构改革并不怀疑,这令人感到不安。正因为如此,所以必须站在历史的现在这一角度来思考。

接下来,我来讲这一点。我要单刀直入地谈到底什么是"国家"、到底什么是"社会"。从东方卷第3讲开始,我会带各位读者一起观察现实中的近现代史。

"我"置身于怎样的"社会"?
——世界体制的动向

在本书中,我最想强调的就是"世界本来就绝对不是同质的"。本来,在生物进化的所有过程中,都是不断产生异质,不断创造多样性的。

人类社会的历史也同样如此。先是异质将世界推向全球化,接着,这些全球化元素促使同质的流行蔓延开来。贾德·梅森·戴蒙(Jared Mason Diamond)因在著作《枪炮、病菌与钢铁》中如实地描写了这一现象而获得了普利策奖。是什么在全球范围内移动,又是什么被缩小了移动范围呢?"斑马为什么没有成为家畜?""为什么岩石画没有流行而绘画却得到了承认?""为什么谁都会得流感?""为什么五大洲的生活文化各不相同?"作者的视点特别有趣,具有敏锐的洞察力。

但是,我们难以在当今社会的日常生活中对这些事情有切实感受。这可能是因为什么都过于流行了。有一天,我在东京六本木的叫堂·吉歌德的日用品店内看到陈列着 700 多种假睫毛的货架，几乎晕倒。如此可以类推到T恤衫、运动鞋、塑料瓶饮料、饭团等所有商品。

因此，我们有时需要用贾德·梅森·戴蒙那样的视点，站在历史的现在思考一下，到底为什么世界上蔓延同质的东西呢？咖啡是比较容易理解的例子。

难以理解的例子也有。在世界上，同质的东西蔓延、流通、逐渐被接受，这一过程被称作"全球化"。其中同时存在着如米哈伊尔·卡拉什尼科夫[①]等全球化元素，蔓延的原因多种多样。还有，即使人们从最初就开始思考整个世界，也不会把自己与其联系起来。"我"的位置不明确。首先，需要实际感受一下自己所处的环境。

现在我们生存于什么样的"社会"呢？是跟从前相比，更加自由、更加和平的社会吗？我们被社会保险、智能手机、谷歌检索所包围，是身处极其便利的社会吗？

对此，人们会持各种各样的看法。一般来说，当今社会的基础在于，近代构建的"民主国家"制度及其承载的跨越国境并不断扩大的"自由市场"，加上伊斯兰各国等的"宗教社会"，以及"工业产品"与"自然环境"的矛盾中。

在观察从这样的社会结构中派生出来的现象或信息时，我们如何把日本与世界联系在一起，同时又和自己挂起钩来呢？

21世纪的今天，与全世界的金融网络和商品网络一样，各

[①] 1919—2013年，俄罗斯著名武器设计大师，AK-47突击步枪的发明人。AK-47被认为是全球使用范围最广、产量最大的突击步枪，已生产超过1亿支。

种资本主义势力像大网似的铺天盖地。

我们把这种现象称为"全球资本主义"。也就是全球化元素移动并发生作用的资本主义。这里的全球化元素主要指"资本",即"货币"。在世界各地,自由竞争市场日益扩大,全球资本主义则用资本主义规则束缚着这种市场。

任何事物,任何时候,几乎都与资本主义的天罗地网相关。喝咖啡是资本主义,喝优质的水也是资本主义。买西装是资本主义,乘新干线也是资本主义。发邮件、听音乐会、举行葬礼等等都是资本主义。到处都是株式会社,到处都是商业模式的战场。

到底为什么资本主义变得如此强大呢?为什么全世界被股份制度所席卷呢?中国、俄罗斯、南斯拉夫、格鲁吉亚都不例外。当然例外的地区也有,可是,世界的大部分都被资本主义染成一色。美国著名历史经济学家伊曼纽尔·沃勒斯坦[1]将其称为历史性的"世界体系"的发动。而且,"近代"就是这一"世界体系"在世界各地同时进行的。

至于我们是否完全理解这种资本主义,或是否接受,就另当别论了。

赚钱的时候姑且不谈,连续失败或赔钱的时候,就不由得对"金钱"恨之入骨。世界成了清一色的资本主义,但难以断言这就是我们所期望的。

大多数日本人与"公司"相关。想一想,会觉得这很奇

---

[1] Immanuel Wallerstein,1930年生,世界体系理论的代表人物。

怪。高中、大学毕业后理所当然地想谋职，可是，却一直不能超脱于企业社会之外。即使如此也有不顺利的时候，或是跳槽，或是被炒鱿鱼，或是借高利贷，或是公司被合并。受到这样的挫折，人们往往不甘于这样的现实。可是，我们都应该反思。最近，有些人提议说，最好把农村也变成株式会社一样的集合体。

看似公司好像成了"员工的"或"管理者的"。事实上，并不尽然。不知什么时候，公司已经成了"股东的"或"投资人的"。比如 M＆A（企业并购）、TOB（要约收购），等这些词常常听到，公司成了可以被外部收购或改变的。这到底是从什么时候开始的呢？

现在，上市公司不是"工作"单位，而是时刻发生股价变动的地方。于是，有教育专家建议尽快把股票方面的知识教给小学生。

没有钱就没有自由吗？
——资本主义是什么？

资本主义经济是何时、何处、如何诞生，又是如何发展成今天这个样子的呢？是因为街上的店铺增加了，还是因为商品充斥了市场？是源于金融资本扩张的时候，还是源于亚当·斯密写《国富论》的时候呢？也许更早吧。

株式会社（股份公司）是谁想出来的呢？是汽车王福特在20世纪初开始大量生产T型福特汽车的时候，还是那以前马克思开始构思《资本论》的时候呢，或许是俾斯麦的时候吧。还是更早呢？是的，股份公司是东印度公司的时候诞生的（我在后面的章节中会详细论述）。

关于资本主义经济的由来，我们暂且不提。当今的资本主义经济高度成熟，涉及日常生活的方方面面。没有银行卡、信用卡的生活是难以想象的。国际股票市场的动向每天都是头条新闻，电视的新闻节目最后一定要播放外汇牌价，这在我小时候和年轻时是无法想象的。

此外，当今社会还是一个信息网络高度发达的社会。当我们购物、订票、在亚马逊网站下单买书的时候，不管是否情愿，都要处在资本主义经济和信息主义的监视和管理之下。

也就是说，当今日本社会既是资本主义经济时代，又是"信息网络资本主义"时代。但是，正因为什么都能在手掌上确认，所以什么都作为"信息"被注册，也就是说在外部，"个人欲望"是被局外人管理的。一旦发生什么问题，自己的位置和身份会很容易暴露出来，完全没有可隐藏的余地。这实在令人困惑。

还有一点需要认真思考。在人类建立的各种制度当中，这种满足"个人欲望"的资本主义经济到底是不是最坚韧的呢？或者说是不是最优越最自由的呢？

人们常说"自由市场"和"自由竞争"。那么，"自由"究竟是什么意思呢？资本主义经济到底有没有足以让人们充分享受自由的优越性呢？经济形势不稳定，随时有可能发生恐慌，却仍然可以说有优越性吗？那么多公司倒闭或合并，却仍然以为股份公司是万能的吗？

姑且不论资本主义是否是令人安心的制度，或者是否是稳定的制度。资本主义经济有不景气也有恐慌，失业者群体也不会消失。创立近代经济学的凯恩斯是以"市场的不稳定性"为出发点的。连曾经一时震惊世界的对冲基金投资家乔治·索罗斯都说："没有比以金融市场为核心的全球资本主义更不稳定的了。"

诺贝尔奖得主、剑桥大学经济学家阿马蒂亚·库马尔·森

(Amartya Sen)在著作《贫困和饥饿：论权力和剥夺》（岩波书店）中主张，没有国家和政府介入的资本主义丝毫不能保护民众的权利。

当然，许多学者的见解与其相反。比如，经济学家、哲学家弗里德里希·奥古斯特·冯·哈耶克[①]主张，资本主义难以与个人的自由分离，在两者之间不能有国家的介入。这确实是一种理想的自由思想。但是，如果说只有资本主义才能保证个人的自由，能让谁信服呢？这跟说没有钱就得不到自由是同一个意思。

再举一个例子，约瑟夫·熊彼特[②]是主张"企业家精神"重要性的著名经济学家。他说："市场经济如果放任自流的话，就会倾向于利润为零的均衡状态。"熊彼特还说："因此，企业家要不断地进行创造性的破坏，否则将无法生存。"因此，"需要创新"。

创新指的是技术革新。很显然，不依赖新技术，人们的社会生活就不能获得更多的自由。公司、家庭也需要创新。智能手机如果不更新换代，就会变得不方便。所以，厂家不断开发新智能手机。软银、NTT都客梦都销售了多款智能手机。但是，在讴歌自由竞争的优越性的同时，熊彼特还敲警钟说："不加强技术革新，企业就不可能取胜。"

不管是称赞资本主义经济还是批判资本主义经济，这些话

---

① Friedrich August von Hayek，1899—1992年，奥地利出生的英国知名经济学家和政治哲学家。

② Joseph Alois Schumpeter，1883—1950年，奥地利出生的美籍政治经济学家。

都给人一种吞吞吐吐、含糊不清的感觉。即便如此,世界仍傲然地走向全球资本主义经济。这一趋势没有停止的兆头。

如果这样,就需要反思一下,支撑资本主义经济的根基究竟是什么。

难道是因为人类追求自由、追求竞争而形成了资本主义经济的吗?亚当·斯密说过类似的话。如果我们都为了满足自己的需求而参与市场的话,"市场原理"(市场机制)就会发挥作用,大家的财富就会增加。因为那里有"看不见的手"在发挥着作用。

但是,亚当·斯密并没有说人们可以随心所欲。他说,比如想卖贵的东西、想买便宜的东西、想选择好的东西,即使人们对市场的态度和心情各不相同,市场也会发挥作用。于是,"自由资本主义经济市场"的概念在全世界普及开来,由此产生了通过激烈较量而决成败的市场游戏。

但是,这就是资本主义经济的唯一原理吗?答案是否定的。存在于深层的是,人类和社会究竟有着什么样的"价值观",而资本主义经济的根基就在于此。

创立了经济人类学的卡尔·波兰尼[①]曾经反复主张:"经济应该被埋入社会之中。"但现状并非如此,而是社会被埋入经济之中。经济规模的大小超出了社会规模的大小。

因《物质文明·经济·资本主义》(美篶书房)和《地中海》(藤原书店)等著作闻名于世的法国历史学家费尔南·布

[①] Karl Polanyi,1886—1964年,匈牙利哲学家、政治经济学家、经济史学家。

劳岱尔（Fernand Braudel,1902—1985年）说，本来"交换经济"覆盖着整个人类社会，而"市场经济"和"资本主义经济"则被组装于其中。交换是什么呢？不仅是商品与金钱的交换。比如，对什么表示感谢，向什么人表示祝贺，用什么敬奉神佛等等都是交换。

在布劳岱尔看来，交换本来是这样的意思，因此，交换是带有感情的，彼此之间能够感受到对方的感情。而且，他把这一点看作应有的"交换作用"。从这一观点来看，如果人们发现进行的交换对自己不利时，会以为是出错了或犯错误了，会感到不愉快。但是，金钱经济会把这种不愉快消除，对一切都试图做出合理的解释。

情义、人情与金钱的人质
——资本主义经济的成规

几年前，我曾经给朋友当过连带保证人，结果，攒了多年的3000万日元被银行没收了。那是一笔巨款。我先是大惊失色，接下来是目瞪口呆。不管怎样跟银行解释都没用，无人理睬。简直是晴天霹雳。

虽然银行的行为无可指责，但我很长时间都一直无法接受这一事实。

保证人的"索取抗辩权""催告抗辩权""分别利益"是法律承认的。简单地说，在确认债务人无法偿还时，由保证人来支付所需的一部分债务就可以了。这是法律上规定的保证人的定义。

而连带保证人则要与债务人负完全同等的责任。无论何时接到索取赔偿的通知，都不能申辩。也就是说，连带保证人就是连带债务人，也就是用人来担保，所谓"金钱的人质"。那就不要说什么连带保证人，就直截了当地说"把你当人质"

吧。事先，朋友当然没有向我这样解释，而且当时我也没有这样想过。糊里糊涂地巨额存款就突然被强行没收了。现在成了笑话。

于是，我开始查找相关资料，发现了许多统计数字。比如，现在日本有约2000万人在当连带保证人，其中每年宣布破产者多达20万人。

从高利贷贷款超过五项的人（即多重债务人）达150万人。还有，在信用信息机构的事故信息被记载的、也就是所谓黑名单上的人数，仅信用卡一项就达到400万人。

租公寓时也需要有保证人。交了保证金和押金，却还要保证人。出借保证名义的人大概有1400万人，住宅贷款的连带保证人约830万人。虽然这些数字不免有所重复，但的确涉及人数众多。

在日本，如果朋友求上门来说："你能不能给我当保证人？一定不给你添麻烦。"恕我直言，请一定要断然拒绝，不要顾虑面子。

谈论连带保证人制度与友情的关系并不是本书的目的，就暂且到此。在我们的日常生活中，不平等的"交换"时时刻刻都在发生。比如，关于遗产继承，会发生各种纠纷；在股东和经营者之间，会出现争夺经营权的现象。有时甚至发生骨肉相争。

难道资本主义经济有某种干预人类社会的"定规"吗？果真如此的话，那么，资本主义经济已经涉及"人伦"。

美好生活是听任市场就能获得的吗？
——在国营与民营之间

我多次强调，世界以全球资本主义经济这一口号为基础，扩展自由市场竞争，资本在全世界来来往往。因此，几乎所有的职业或职能都在自由市场中相互竞争，厂家或零售店凭质量、价格和服务决定胜负。

为什么会这样呢？只有这样，"优质产品"或"优质服务"才能在竞争中胜出。许多经济学家是这样思考的，企业也是抱着这一信念而开展经营活动的。这样就能提高生活质量，许多消费者也是这样认为的。

这种想法是只有依靠竞争才会使社会向好的方向发展。因此，许多工作或职能都转向"民营化"，这成了当今日本经济社会的趋势。接下来就是政府对民间企业"放宽限制"。

民营化（privatization）就是"听任市场"的意思。国家不进行具体管理会更有效。政府应该把由国家或地方公共团体经营，转为由民间企业经营。推进民营化后，将会对资源分配、技术革新、股市等注入活力。

民营化由来已久。例如，在日本明治时代，官营的八幡制铁所成了日本制铁股份公司（之后相继成为日本制铁、新日本制铁）、官营的三池炭矿成了三井、官营的深川水泥制造所成了浅野水泥（之后相继成为日本水泥、太平洋水泥），富冈纺纱厂经原合名会社，被转卖给片仓工业。

二战后，GHQ（驻日盟军总司令部）曾下令解体财阀，以后，电电公社、日本专卖公社、国铁、日本航空等都被民营化了。国铁被分割成JR东日本、JR东海、JR九州等；电电公社最初曾被分割成100多家公司，成为NTT东日本、NTT西日本、NTT—DOKOMO、NTT交流、NTT数据等。我编写的《信息的历史》（NTT出版）就是NTT出版社成立时为纪念"电话百年"而出版的。

民营化政策是将国家的工作交给民间，而政府在这方面的职能则渐渐缩小，因此被称为"小政府"政策。英国的国铁、美国的加利福尼亚电力事业、德国的邮政、韩国的大韩航空等都是大规模民营化的例子。

放宽限制（deregulation）是放宽对企业的限制，包括放宽安全标准，放宽技术规格，放宽所有制，放宽经营范围等。最初是里根政权推行供给侧改革政策，放松了对航空产业的限制，其效果是航空运费下降，服务质量提高。

这样连续推行"民营化""放宽限制""小政府"的政策思想，不知为什么被称为"新自由主义"。什么是"新自由"

呢？我在西方卷第 11 讲会详细介绍。"新自由主义"是媒体命名的，最早由芝加哥大学教授米尔顿·佛利民①等人提出，并被大量应用于美国的里根经济学和英国的撒切尔主义中。

但是，所谓"新自由"的实际情况如何呢？因为民营化必须通过管理成本而获得利益，大多需要裁员，而且许多例子证明不一定会提高产品和服务的质量。关于"放宽限制"，加利福尼亚电气事业因电力价格暴涨而丧失民众信赖最终陷入经营危机就是一例。

小泉纯一郎担任日本首相期间，日本的邮局被民营化，当时的宣传是"放宽限制即撤销由国家制定的限制"，但其实，那是日美结构障碍倡议（SII）的要求，是为了方便美国资本介入日本。这在东方卷第 1 讲已经提及。

即使如此，"民营化"和"放宽限制"究竟会有什么结果呢？难道只要大家自由竞争，产品和服务就能改善吗？

如果民营化真能给社会增加活力，那么，为什么不让"警视厅"和"法院"注入民间的竞争呢？"军队"不可以民营化吗？既然国铁、电电公社、邮政等国营事业可以民营化，那么，"警视厅""法院"和"军队"为什么不可以呢？这样推想无可厚非。

说起警察的民营化，立刻会想到现在的警备保障公司（保安公司）。比如利用西科姆公司那样的防盗系统，不用总是麻烦警察，就能保证日常安全。当然保安服务是要花钱的，签订保安合同的话，就能享受一定的保安服务。如果服务不理想，

---

① Milton Friedman, 1912—2006 年，美国著名经济学家。

可以改同其他保安公司签约。今天，所谓"安全""安心"是能够在自由市场买到的。

那就再进一步，将警察业务民营化不是更好吗？那样的话，会比频曝丑闻的警察提供更好的服务。民营警察公司会保证服务质量，不然就接不到订单。而且客户的安全会更能得到保障。同时，还会产生更加值得信赖的安全系统。这就是资本主义经济的优越性之一。

但是，公营警察的机能全部移交给民营警察的话，非暴力的盗窃或非法闯入民宅等犯罪事件还有能力处理，但对于武装犯罪等大案，就难以应对，甚至无能为力。保安人员拿着枪就行吗？不行，这是禁止的。像西科姆公司那样的保安公司，当遇到有暴力危险的情况时，仍需要向公营警察求助。

那么，通过制定法律允许民营警察武装，又如何呢？反而非常危险。那样，民营警察公司就不得不具备超过暴力武装势力的武装能力，结果，一般警备服务的成本就会暴涨。那样的话，作案人就会想方设法击垮民营警察公司。这种情况下，国家对此置之不顾的话，小型军备竞赛就有可能蔓延社会。

如此看来，警察的民营化或是资本主义化难道是可行的吗？在这方面，"国营"与"民营"的结果大相径庭。

服务面前人人平等的理想社会

那么，法院是否可以民营化呢？

当今日本的审判制度不但花费许多时间，而且诉讼人要支付许多法庭费用，手续也极为复杂。很难说当事人的利益能得到保护。因此，需要更高层次的审判服务。

民间的纠纷不一定只有公立机构才能解决。以前曾有过黑社会或暴力团体解决民间纠纷。比方说，体育界的裁判员制度几乎都民营化了。那么，审判也可以民营化。审判服务公司或司法服务公司（假设存在的话）互相角逐自由竞争的话，提供更令人信赖的高度服务的审判公司，或许有可能发展成像JR（日本铁道）或NTT（日本电信电话）那样的规模。

但现实并非如此。有关诉讼的审理是由国家或市町村（日本地方自治体的市镇村）来掌管的，国家或市町村在审理方面具有绝对权威。

民间审判公司不存在。比如，律师是没有裁定权的。实施处罚的是公立机构，要么就是在企业或学校那样的封闭型社会组织中，管理者方根据有关规则对违反规则的行为人实施处罚。如果是黑社会，则会用黑社会特有的方法处罚，例如断指。这只能算是"当事人之间的处理"。

可是，这样处理的话，就难以分清哪一方是加害者、哪一方是被害者。因此，必须要由国家或市町村、公立的第三者机构来行使职能。所以说，审判的自由市场化是断然不可取的。

由国家来处罚违法的犯罪人，这样大家才能放心。如果有人要请某公司来负责仲裁、调查、处理事件或犯罪、消除危险，就需要跟该公司签订合同。不签订合同，就不能享受安全服务。

也就是说，如果这些机构实行了民营，"大家"就无法享受安全的保障。而只有签订合同的"大家中的一部分人"才能用金钱买到安全。

另一方面，如果国家或自治体能解决事件、危险和犯罪的话，原则上"大家"都能享受其恩惠。在当今日本社会，警察的职能和法院的职能由公立机构来负责，其原因就在于此。"大家"能平等享受的服务是社会在一定程度上必备的。义务教育就是这类服务之一。但是，接下来就会出现一些麻烦问题。

那么，为什么在国铁、电话业务、邮政业务民营化后"大家"感到便利了，可是，一旦警察或法院也民营化了，就会令人难以接受，甚或会导致暴力事件频发呢？要想回答这个问题，需要换一个视点。

可以进行战争的"大家的国民国家"
——国民国家是什么？

有两个问题必须思考。

第一个是，到底"大家"是什么？"大家"是"所有的人"，还是"市民大家"呢？或者是"特定的大家"呢？如果有"特定的大家"和"别的大家"之分，就存在一个到底"什么是大家"的问题。

仔细想想的话，"大家"应该不是指"大家的一部分人"，而应该是指平等享受某种权利或恩惠的人们。"平等"就是所有的人平等、机会均等、享受的事物相同、尽可能同时，这样的意思。不只是因为有钱能跟某公司签订合同的人，而是人们即使不签合同也拥有要求保护和安全的权利，能平等地享受恩惠。这就是"大家"。

这样的人群怎么称呼好呢？有各种叫法，最大的概念就是"人类"。但是，这个概念太广，人类共通的东西太多，反之，"人类"中有太多的民族和语言的不同、国与国的差异，缺乏"大家"的感觉。南斯拉夫就是一例。那么，更适于"大家"的名词是什么呢？一般来说，是"市民"。但市民一定属于某个国家或者自治体，"市民的大家"好像会被一个个的市町村分开似的。

那么，从归属意义上讲，最广的大家是"国民"。就比如，日本人的纠纷或犯罪是不可能由与该事件完全无关的法国或意大利等外国的警察或法院来处理的。"大家"就是近现代社会的"国民"。

如果这样，保障、保护或处罚"国民"的工作必须由非公司的机构来进行。这就是作为国家机器的警察或法院。

因此，是国家来最终负责担保"大家"的安全和安心。简单地说，国家负责担保"无论如何不能民营化的机构职能"。

还有一个需要思考的问题是，"国家"到底是什么？

名为日本的国家、名为美国的国家、名为中国的国家、名为希腊的国家、名为乌克兰的国家。世界上有许多国家。各国以国家为单位，加盟联合国或参加奥运会。其国家的象征是国旗、国歌等。有元首和宪法。有国民。

这些是从前就有的吗？应该是的。既然柏拉图有一本著作叫《国家》，那么，国家应该是从前就有的。柏拉图所处时代的国家是雅典、斯巴达等"城邦国家"。那以后的国家许多是"领主国家"，是由封建领主统治的。在日本还称为领国或知行国。以后，又出现了"王国""君权国家""殖民地国家"等。

但是，到了近代（进入19世纪后）、许多国家都形成了类似今天的国家，也就是近代国家。这在历史学上有一个专门的名称，叫"国民国家"（nation-state）。Nation 意为国民。*国*

民国家是代表国民的全体以及全体国民的意志的综合制度。也就是说，国民国家是"全体民众的国家""大家的国家"。这就是近代国家。

以此类推，作为国民国家的近代国家，暂且可以说是保护国民安全的装置（机器），并向其国民赋予权利和义务。这是一种解释。

但是，接下来就有些难懂了。近代国家除了要负责担保国民的安全和安心，还要做其他的事情，比如，与外国缔结条约，惩罚犯罪人，征税等。虽然今天的日本没有征兵制度，但是，大多数作为国民国家的近代国家都有征兵制度，还进行战争。

这其中有的被称为国民的义务，而我却不认为战争等义务在于国民。但是，"大家的国家"是要战争的。到底为什么会这样呢？

还是在国家和国民之间存在着很奇妙的缝隙，甚至也许是难以填平的鸿沟。

法国哲学家勒内·吉拉尔有一本著作叫《自世界建立之日起便隐藏的事情》（法政大学出版局），非常具有象征意义。其主张是"国家的本质在于暴力"。为掩饰这一点，国家做了各种伪装。

其暴力是为何发生的呢？是因为甲要强迫乙做出牺牲。甲为了阻止乙的主张，而使用暴力缄口保密。这些"自世界建立之日起便隐藏的事情"难道不是国家来做的吗？因此，只有发动战争。勒内·吉拉尔提出了这样的假说。

对这一点我不做更详细的解说，但是，我基本赞成这个说法。国家原本就是暴力机器，所以拥有警察和军事武装，在对其进行合法化的摸索过程中，形成了当今的近代国家。应该有这样的视点。

也就是说，国民国家用一句话来定义，就是"能进行战争的大家的国民国家"。在警察或法院由国家负责担保这一点中，就隐藏了这一推测。

非国民国家的"国家"

本书将从东方卷第3讲开始，尽量站在历史的现在这一角度，讲解当今走向全球资本主义的"大家的社会"是何时何地如何出现的，其背景、近代国家和国民的成立过程以及其他事件和现象。

我不想解说资本主义本身的制度，否则会成为经济学专业书。我也不想关于政治制度进行说明，否则会变成政治学专业书。我只希望各位读者能同我一起观察世界的动向和变迁。

我下面要从两个方面来讲。一方面，关注推动资本主义经济高度发展的近代国家的特色。这是表层的。为此，近代国家参与了争夺殖民地的竞争，并对落后国家发动了战争。另一方面，观察近代国家产生的矛盾、与近代国家的构成要素不一致的特色、跨国现象、脱离国家的事件。这是深层的。这样一边对国家的表层和深层进行相互记谱，一边讲解。

近代国家是在法国革命和美国独立革命后的19世纪欧美建立起来的。建立过程并不顺利，充满了曲折。法国和美国都是经过流血牺牲的革命和战争而建立的。正如勒内·吉拉尔所说，暴力建立了新体制。

观察一下历史，就会发现在17世纪的西欧几乎都是"权力集中于国王的主权国家"。主权集中在国王手中，属于绝对君权体制。在经济上，主张重商主义和奴隶贸易。但是，进入18世纪后，最初是为避免西班牙王位继承战争和奥地利继承战争等因君权继承引起纠纷，而开始的联合，然后，以七年战争为例，主权国家之间持续对立，绝对君权体制出现裂痕。

从这一裂痕中摆脱出来并在新大陆实现独立的是美国；而将这一裂痕撬开并发动革命的则是法国。主权从"王"向"国民"转移。在此基础上，"主权、国民、国境"，所谓近代国家三原则都凑齐了。

建立近代国家的最大诱因是七年战争和英法北美战争。英法两国都因此陷入经济危机，英国不得不限制殖民地，取而代之的是产业革命的兴起。美国则借机摆脱英国而独立。在法国，随着启蒙思想的传播，发生了市民革命和拿破仑战争。在最近的历史学中，有学者把这些与"大西洋革命"等概括在一起。

现在看来，这些动向标志了国民国家的胎动期。那以后，欧洲在拿破仑战争结束后进入了维也纳体系（详见东方卷第5讲），激起了许多"民族"的觉醒，民族主义和浪漫主义开始萌芽，一个又一个国家走向自立或独立。1848年，迎来了"各国国民之春"。各位知道吗？

法国的七月革命（1830年）开始后，比利时独立；波兰发生了暴动（后被俄罗斯镇压）；意大利发生了烧炭党和青年意大利党的起义。1848年二月革命的同时，英国的宪章运动、维也纳的三月革命、柏林的三月革命、法兰克福的国民议会等接二连三地发生。从各国的国民的"觉醒"受到启发，肖邦谱写了《革命》一曲，而欧仁·德拉克洛瓦则留下了名画《自由领导人民》。

于是，在欧洲，几乎所有的国民国家都登上了历史舞台。那以后，国家以国家的名义统治国民，以国家的名义征税，以国家的名义保障国民的安全，以国家的名义与其他国家签订条约，以国家的名义进行战争、支援为国家创造利益的工厂。

这就是到今天仍在继续的许多近代国家的形象。当今的国家几乎都如此。诞生于近代、至今仍然林立于世界并加盟联合国的"大家的国家"，就是这样的。在西方卷第8讲中我将更详细地讲述。就在仿佛是"各国国民之春"的1848年，马克思和恩格斯发表了《共产党宣言》。

在下文中，除非有特别声明，我讲的国家都是指国民国家。

但是，社会学或政治学中的"国家"，包括的不仅是国民国家。历史上的国家中，有许多非国民国家，比如"民族国家"或"宗教国家"。

民族国家的英文是"ethnic state"，日本、韩国、土耳其分别是由日本人、韩国人、土耳其人的民族构成的，看起来好像民族国家。然而，现在的朝鲜半岛却是同一个朝鲜民族被分成朝鲜和韩国两个国家。民族国家不一定是统一的。像美利坚合众国或澳大利亚那样，由多民族构成的"多民族国家"也为数不少。

我在东方卷第 1 讲中举过"南斯拉夫"的例子，说南斯拉夫曾经是马赛克国家，或者"人工"国家。除此以外，阿拉伯国家和伊斯兰国家等在参加奥运会时都与近代国家相同，而实际上是宗教性的、民族性的。特别是像"巴勒斯坦问题""波斯尼亚和黑塞哥维纳问题""库尔德人问题"等，在中东地区，有许多错综复杂的情况是不能以国家为单位而论的。比如霍梅尼建立的伊朗伊斯兰共和国可以称为"宗教国家"，而且是什叶派穆斯林的宗教国家。

　　另外，一般认为，好像宗教和国教互相重叠的程度高，就会被规定为"国教"。但实际上这样的国家并不多。以基督教为国教的国家具体情况分别是：天主教在阿根廷、哥斯达黎加、巴拉圭、玻利维亚、马耳他等国；新教福音路德派在冰岛、瑞典、丹麦、挪威等国；希腊正教在希腊。

　　以伊斯兰教为国教的国家中，什叶派在伊朗，而逊尼派在阿尔及利亚、埃及、卡塔尔、索马里、突尼斯、摩洛哥、利比亚等国。既不是什叶派也不是逊尼派的，有沙特阿拉伯、阿富汗、巴基斯坦、阿拉伯联合酋长国、马来西亚等国。在印度尼西亚，国民中约九成（约 1 亿 8000 万人）为穆斯林（伊斯兰教徒），而伊斯兰教却不是国教。

　　另外，虽然 ISIS 有一个"伊斯兰国"（英文：Islamic State）的称呼，实际上却无视作为国民主权国家的三原则。既没有国民，又没有国境。不如说是靠侵犯他国国境、分裂各国国民而成立的暴力性游动虚拟国家。正如国际形势专家洛丽塔·纳波利奥尼（Loretta Napoleoni）所洞察的那样，ISIS 用投资银行的方式筹集资金，用人才派遣公司的方式调配人员。

  如此这般，有必要从现在的国家构成看当今社会，而且应该说各个国家都有各自的形态和生态。

技术催生欲望，欲望加速技术发展
——技术社会

我讲了国家的表层，还需要看看国家的深层，即存在的矛盾和跨国现象。

各位读者一定马上会发现，跨国现象非常之多。上文中提及全球化元素时，我举了咖啡和红茶的例子。此外，许许多多的产品和商品都正在通过市场被进行跨国交易。这叫 commodity（商品），指一般化的商品。体育、时装和音乐的流行都轻松地来往于国与国之间。花粉、病毒、电脑病毒也一样。在全世界大摇大摆、来去自如的还有"钱"，就是货币。

跨国机构也有许多。联合国、世界银行、红十字会、国际奥林匹克委员会（IOC）、国际足球联合会（FIFA）等等，还有像动物保护协会、国际咖啡协会等各种协会。值得一提的是，宗教团体与其说本来就是跨越国家而发展起来的，不如说是独立于国家而成长的。

以股份公司为主的公司，是以英国、荷兰、法国创设的东印度公司为模式，自18世纪中叶一举普及。进入20世纪后，世界各地纷纷出现在该地注册的跨国公司。而资金规模远远超过一国预算的跨国公司，即所谓综合企业（conglomerate），至少有100多家。宗教团体和跨国公司可以说是"准国家"或者"超国家"。

此外，在以互联网为代表的"网络"中好像也形成了多个"准国家"。但因为网络本身不是被"经营"的，所以，网络所涵盖的范围相当庞大，已经形成了一种"超级准共同体"。

同时将世界和日本边相互记谱边观察，更需要关注这样的深层内涵。特别需要关注的是，使全球化流通得以实现的"技术"和"机器"。

当今社会是得益于各种技术的支撑而存在的。日常生活中的所有局部都有技术或机器介入，全世界布满了数控通讯通话网络。这些几乎都跨越国境，而且在跨越国境的同时，日新月异的各种技术在刺激着个人的日常欲望。

当今社会完全是技术社会。这是不容轻视的。

现在只要手持智能手机，全球定位系统（GPS）就自动启动，自己在地球上的什么位置一目了然。使用"谷歌地球"应用软件，就能窥见地球上几乎所有地点。因此，社会的确变得极为便利。但这样下去的话，未必是好事。

厂家要一直提供售后服务，比如，确认煤气炉、电风扇、电梯等产品是否安全。大多数的食品都要标明保质期。以前，消费者可以在店里直接用手摸、用嘴尝农田或工厂生产的食品。现在却不可以了。厂家必须一五一十地公开车间中的安全状态，包括鸡肉和猪肉的混合比例、是否含有添加剂、防腐剂等等。

也就是说，技术社会需要让消费者（即国民）了解保证这些技术有效性的素材、原料和功能。

技术创造了便利社会甚至超级便利社会，这是不言而喻的。那么，便利的定义是什么呢？

英国生物学家、全球知名科普作家麦特·瑞德里（Matt Ridley）的《红色皇后：性与人性的演化》《德性起源》等畅销书问世后，又在著作《繁荣》（早川书房）中主张，人类在领悟到"商品与信息的交换"的基础上，将无限的可能性转化为技术或技能。他用"溢出效应（spillover effect）"一词加以说明，绝口称赞技术社会的便利性。

相反，同样勇敢的美国记者、蕾切尔·卡森奖获得者艾伦·韦斯曼（Alan Weisman）在著作《没有我们的世界》（The World Without Us）（早川书房）中预言，人口爆发或是人口减少都将在技术社会的巨大冲击力面前，逐渐暴露出更多的自我矛盾，并遭受沉痛的打击。

我的友人、进化生态学家佐仓统在著作《便利使人不幸》（新潮新书）中，对福岛核电站事故等进行了评论，并针对技术社会全能主义所带来的危险和恐怖敲了警钟。

在糊里糊涂、悠然自得地享受技术万能社会的同时，我们不得不为此付出代价。技术正如曲形飞镖（布麦浪效果）一样，反而会给日常生活造成负面效果。

何以如此呢？这是一个难题。但用一句话说，正是因为技术，使得"近代的欲望"和"个人的欲望"变得难以分割了。

不管技术如何自主开发创新，如果人们对使用技术成果而提供的服务没有欲望的话，该技术终究将衰退。但实际并非如此。许多技术是与欲望相连的。这是在市场营销这一商业领域中常说的，是"技术即种子"创造了"欲望即需求"。种子是技术，需求是消费者或用户的欲求。

"种子"与"需求"过于接近了。用户一旦知道洗衣机的便利性和空调的舒适性，就不会再放弃了。就好像说，不穿这双运动鞋就不能走路，没有汽车就不能去超市，没有手机就不知道时间怎么打发。总括起来看就是，在不知不觉中，技术和欲望变得不即不离，甚至合二为一了。

资本主义发达到渗入人"心"

法国有两位代表后现代主义思想的大师,一位是哲学家吉尔·路易·勒内·德勒兹(Gilles Louis René Deleuze,1925—1995年),另一位是心理学家菲力斯·伽塔里(Pierre—Felix Guattari,1930—1992年)。两位大师都已经谢世了。伽塔里曾经在25年前到访日本时,和我见过面。

德勒兹和伽塔里二人于1972年合著出版了《反俄狄浦斯:资本主义与精神分裂》(Capitalisme et schizophrénie. L'anti-Edipe)。这部大作非常难懂,却风靡一时。

简单地说,书中提出了"欲望和机器浑然一体的状态"这一观点。他们要说明的是,我们的身体和欲望已经是不可分割的了。因此,"自由"也不再司空见惯。身体、欲望、自由与所有的道具、机器、系统紧密相连。我们将它们与货币连在一起,与眼睛连在一起,与裙子连在一起,与铁道和汽车连在一起,与医院、精神医学及死亡连在一起,与电脑和手机连在一起。一旦连上,就不可分离,他们强调的是这一点。

德勒兹和伽塔里把这种身体、欲望、自由与机器等紧密相连的状态，称作"机器状态"。果真如此的话，我们就需要分析这种密不可分的机器状社会。而且，可以断言，资本主义成了"欲望机器"。

欲望机器一词听起来很可怕，却是可想而知的。实际上，战争是与各种武器和军事机器紧密相连的，就好像欲望机器的魔鬼一样。

德勒兹和伽塔里合著的《反俄狄浦斯》和《千高原》（Mille Plateaux）是上下两册，副标题叫"资本主义与分裂症"，令人费解。

这个副标题竟然是"分裂症制造了资本主义"的意思。（现在分裂症被称为"统合失调症"，本书中称"分裂症"。）

这是因为分裂症的本质是欲望受到压抑甚至被挤碎。如果说是资本主义制造了"欲望的市场"，那么这一被内部化的资本主义也需要作为现代社会重大问题加以讨论。

德勒兹和伽塔里主张，资本主义是"将欲望积蓄在内部而侵犯人的精神的机器"。这是指技术与欲望之间形成的不即不离的关系。他们还指出，正是由于这种结合引起了现代的各种精神疾患。也就是说，"精神病的原因是资本主义造成的"。

这是令人惊讶的假说。果真如此吗？当然，一般来说，现在的精神疾患来自多种原因复杂地交织在一起而形成的精神压力，不能一概而论。但是，资本主义的发达的确已经渗入了每个人的"心里"。

这样的见解有些晦涩难解（常被称为"后现代主义或后结构主义"），因此，我在本书中暂且不做更多评论。但排除这种见解,是不妥的。因为正是在哲学和社会学中,才更加需要"异质"。

在下一讲,我来简述一下近现代史。

进入17世纪后,日本经历了织田信长、丰臣秀吉、德川家康统治时期,而在当时的英国发生了什么呢?

第3讲 基督新教与利维坦

称霸世界的同龄人

通常，比较织田信长、丰臣秀吉和德川家康是日本人津津乐道的事。三个人年龄相仿。织田信长生于1534年（天文三年）、丰臣秀吉生于1536年（天文五年）、德川家康生于1542年（天文十一年）。织田信长比丰臣秀吉长2岁，丰臣秀吉又比德川家康长6岁。

在那个时代，世界上有好几位专制君主。其中，英国女王伊丽莎白一世出生于1533年，比织田信长年长1岁。日本和英国是两个分别位于欧亚大陆东西两端的小岛国。东端的日本君临着织田信长，西端的英国君临着伊丽莎白一世，两者年龄相仿，都是专制君主。

如果横向观察同一时代，就会发现在英国的伊丽莎白一世盛世之前，西班牙经历了黄金时代，当时的君主是腓力二世。腓力二世比伊丽莎白一世年长6岁。那时的西班牙是欧洲拥有最强海洋运输能力的帝国。比如，"菲律宾"就是当时西班牙探险家米格尔·洛佩斯·德莱加斯皮（Miguel López de

Legazpi，1502—1572 年）的舰队探险世界时发现，并以腓力二世的名义命名的。

1588 年，腓力二世 60 岁；伊丽莎白一世 55 岁。那一年，西班牙的无敌舰队输给了英国。之后，英国开始称霸世界的"七海"。

不仅西班牙和英国，在织田信长、丰臣秀吉、德川家康统治日本的时代，各国都虎视眈眈地要称霸世界。在俄罗斯也出现了功利强权的统治者，即沙皇伊凡四世。他因其意志坚强和冷酷无情而被称为"伊凡雷帝"。这一称号出自苏联天才电影导演谢尔盖·米哈伊洛维奇·爱森斯坦的同名电影。这部电影后来影响了奥森·威尔斯（Orson Welles）、约翰·福特（John Ford）、黑泽明。据说，爱森斯坦曾经受了日本歌舞伎的豪华场面描写的影响。

伊凡雷帝继承祖父莫斯科大公伊凡三世的统一俄罗斯的遗志，娶罗曼诺夫家族的安娜斯塔西娅·罗曼诺夫娜（Anastasia Romanovna）为后，接二连三地镇压敌对势力并统治周边国家。而后，建立了横跨喀山、大诺夫哥罗德、高加索、西伯利亚的大帝国。伊凡雷帝生于 1530 年，比织田信长年长 4 岁。

在印度和土耳其也有同样的帝王诞生。那就是莫卧儿帝国的阿巴克大帝。莫卧儿帝国是突厥化的蒙古人在印度建立的专制王朝，也是印度大陆历史上最大的帝国。莫卧儿帝国的第三位统治者阿巴克大帝出生于 1542 年，正好与德川家康同岁。"莫卧儿"意为"蒙古"。

阿巴克大帝统一了整个北印度，进驻德干高原，建立了各宗教混在的"神圣宗教"体系，成功地将拉杰普特人

（Rajput）等当地势力拉拢在一起。如果说织田信长放火烧毁延历寺这一历史事件很有名，那么，阿巴克大帝对印度教较为宽容则是众人皆知的。

从年龄的角度进行相互记谱，就不难看出，时代相近的君主和皇帝们作为专制君主大权在握，并几乎在同一时期跃跃欲试扩张版图。从6世纪到17世纪的专制君主们不但拥有各自的帝国，还抱有称霸世界的野心，甚至控制了宗教。

且慢。有人会说，那时的日本还没有考虑过统治世界吧。

这样想就大错而特错了。丰臣秀吉征伐朝鲜，实际上是计划征服中国并将亚洲大陆置于天皇和丰臣家族的统治之下。进攻朝鲜半岛只不过是侵略的第一步而已。

丰臣秀吉任命侄子丰臣秀次为大唐（中国）关白，并把写满"入唐""割国"野心的方案秘密托付于他。在这一方案中，首先，把后阳成天皇大胆地安排成"迁都北京"，就是要把大日本帝国的首都迁至北京。然后，任命丰臣秀次为"大唐的关白"，相当于"中国的内阁总理大臣"。最后，丰臣秀吉计划自己居住在宁波附近。

那么，他对于日本国内的计划又如何呢？丰臣秀吉有指示，日本的帝位由若宫（良仁亲王）或者八条宫（智仁亲王）来继承，国内政治则由秀次的弟弟羽柴秀保或者宇喜多秀家族来执掌。朝鲜由羽柴秀胜掌管。把日本、朝鲜、中国统一在一起，建立一个丰臣王国。事实上，这正是"东亚丰臣王朝"的构想。

丰臣秀吉的这一野心在第一阶段征伐朝鲜时遇挫，而后不久于人世。由此可见，丰臣秀吉显然跟伊丽莎白一世、伊凡雷帝和阿巴克大帝一样拥有称霸世界的野心。因此，日本的动向绝对不是脱离于世界的。据最新研究，织田信长也有过侵略大陆的野心。

用相互记谱的思维方式解读"英国之谜"
——近现代史的原点

在这里,我们首先概观一下比织田信长年长 1 岁的伊丽莎白一世在位前后的英国。当然其他国家也不可忽视,但是,我一直认为"英国之谜"中存在着看世界和日本时不可或缺的相互记谱的综合要素。

咖啡屋所扮演的角色也包括在内。成立国会的是英国,缝制西装、发明足球的也是英国。不仅如此,在后来的历史变迁中,不了解英国就无法了解殖民地主义,也就更无法了解资本主义的确立,甚至连美国都搞不清楚。还有,到美国和苏联于 20 世纪争夺世界霸权之前,英国一直都是资本主义国家的典型代表。

位居近现代史原点的国家就是英国。我在西方卷第 10 讲还要详细讲述,最近纷繁复杂的中东问题也是因英国统治世界的野心发生了错位而造成的。可以说成是"英国的犯罪"。

但是,首先我们必须了解英国这一国家是如何建立起来的。为此，必须了解伊丽莎白一世统治的时代背景。

即便如此，这个英国也仍然令人费解。一边强调解读英国的重要性，一边说英国难以理解，这显得有些不负责任。与18世纪以后的英国相比较，伊丽莎白一世以前的英国和伊丽莎白一世时代刚结束后的英国更为纷繁复杂。如果理解其纷繁复杂的形势，就能大致抓住问题的核心了。

在此，我把应该称为"英格兰"的地方也称为"英国"，是为行文方便，请不要介意。

英国自"英国以前"的状态开始萌芽，是因为古代罗马帝国放弃了领有的不列颠尼亚——"不列颠"，自公元5世纪起，朱特人、盎格鲁人、撒克逊人在此登陆。日本的大和王朝大约在同一时期萌芽。

那时，原住民布立吞人被从威尔士和苏格兰赶了出去，形成了"七王国时代"。以这一时期为背景的故事，就是"亚瑟王传说"中著名的圣杯传说和圆桌骑士的故事。

其后，丹麦日耳曼人和诺曼人迁入英格兰诸岛，埃塞克斯的阿尔弗雷德大王以及英格兰的克努特大帝得势，后来遭到"维京（Vikings）"海盗的掠夺，结果，历史上有名的诺曼底公爵吉约姆二世（即征服者威廉）在黑斯廷斯战役后，入侵并征服了英格兰，建立了诺曼底王朝。这标志着英格兰的盎格鲁－撒克逊时代结束。

这发生在1066年。那时，在日本已经形成了由藤原政权掌控的贵族社会。英国的历史算不上悠久。

那么，这个被称为盎格鲁·诺曼帝国的诺曼底王朝（1066—1135年）就是绅士的楷模之国——英国的原点吗？不是的。其最初是"类似法兰西的国家"。

其实，盎格鲁·诺曼的诺曼是"北方人"的意思。诺曼人是原本居住在斯堪的纳维亚半岛的日耳曼民族南下移居到法兰西的移民。在当地，他们放弃了日耳曼民族的语言，开始使用叫"诺曼法语"（Norman French）的法语方言。这些诺曼人到了英国，又蔓延到威尔士和爱尔兰，当时的英国就好像是北法兰西的延伸一样。

其证据之一是，以罗宾汉（Robin Hood）为原型的传说是用古盎格鲁-撒克逊语和凯尔特语传播的。《罗宾汉传奇》的讲述者们为了表示对诺曼法语的反抗，特意用以前的语言讲故事。

在日本，为抵抗大和朝廷，各地的故事大都用方言记载于《风土记》等文献中。

然而，罗宾汉的语言逐渐销声匿迹。这种语言作为"古英文"是在12世纪以后复活的。但在当时，还没有使用J，K，Q，W，Z等罗马字母。而英文是在后来形成"中英文"，又在16世纪，形成作为近代英文的"新英文"，后来成为伊丽莎白一世时代的莎士比亚英文。现在的英文是在当时的基础上发展起来的新新英文。

顺便说一句，像"诺曼法语"这样的盎格鲁-撒克逊语和拉丁语系的语言交织在一起的样式，在美术史学中称为"盎格鲁-撒克逊样式"。就在同一时期，凯尔特图样成为英国的风格。

英国如何利用了基督教

就这样,虽然中世的英国处在没能脱离法兰西的状态下,但基督教却为时过早地在英国扎根了。公元 6 世纪,教宗圣额我略一世(590—604 年,Sanctus Gregorius PP. I)派坎特伯雷的奥斯定(生年不详—604 年,St. Augustine of Canterbury)前往英格兰,促使盎格鲁-撒克逊人皈依天主教。奥斯定在坎特伯雷(Canterbury)成立主教教座,建造修道院,而他本人成为首任坎特伯雷大主教。这与佛教在日本扎根的时期大致相同。

基督教扎根于英国,随后,发挥了极为特殊的作用。(这与佛教在日本的作用相近)。也就是,将基督教这一因素加在"诺曼式兼法兰西贵族式的性格"与"盎格鲁-撒克逊式兼凯尔特式的性格"的对立和对比中,不断建立并逐步形成国民统一观念。

这些从后来的英法"百年战争"中也可窥见一斑。英格兰把法兰西视为可憎的邻国,希望与其若即若离。如果说法兰西是太阳之国,那么,英格兰则是星之国。实际上,路易十四曾自封"太阳王";而伊丽莎白一世则自称"星界女王"。

英格兰希望消除本国的法兰西味道。直到今天，英国和法国仍互相称呼对方"盎格鲁佬"或"高卢佬"。英国人骂法国人是"母鸡"；而法国人则嘲笑英国人是"斗牛犬"。

英国人喜欢把自己或自己的文化称作"British"；而法国人则故意使用"English"一词冷嘲热讽，几乎不说"British"。双方互不相让。

巴尔扎克曾在《幽谷百合》中写道："英格兰和法兰西永远都是敌人。"欧盟至今也充满矛盾。英国首相布莱尔的后任詹姆斯·戈登·布朗（James Gordon Brown）很可能意识到了这样的背景，提出过"Britishness（英国性）"的主张。他是一位鼓励升国旗，试图让爱国心复活的首相。

因始自爱德华三世的英法百年战争（1337—1453年）和随后的玫瑰战争（1455—1485年），英格兰因国内封建贵族势力衰落，而陷入进退维谷的境地。那时，是基督教缓和了英法间的相互仇视。在百年战争中，圣女贞德登场，英格兰企图侵略法兰西，却以失败告终。

英格兰在低迷了一段时期之后，其利用基督教这一宗教的手段开始奏效了。这里我要强调的是，这个基督教不是罗马天主教试图普及的基督教，而是"英国式的基督教"。

这就是英国这一国家和国民的特征之一的"英格兰国教会"（Church of England），也就是"英格兰国教会中心主义"。

英国在亨利八世统治时期（1509年4月22日—1547年1月28日）独自建立了英格兰国教会这一制度。这标志着"英国"的正式诞生。而亨利八世的女儿就是伊丽莎白一世。

国王的恋情激发了英国的民族主义

　　亨利八世从 1509 年起在位近 30 年。当时正值日本的战国时代，用 NHK 大和历史剧的话来说，就是武田信玄和上杉谦信准备进行川中岛决战的时期。

　　那时，在欧洲发生了什么呢？正好宗教改革刚刚结束。宗教改革是在德意志（当时是神圣罗马帝国）由马丁·路德等人发起的。而在意大利则正值文艺复兴取得进一步发展，达·芬奇和拉斐尔快要辞世的时期。

　　宗教改革为欧洲社会带来巨大的影响。德国哲学家恩斯特·特洛伊奇（Ernst Troeltsch，1865—1923 年）在其著作《文艺复兴与宗教改革》（岩波文库）中断言，比起文艺复兴，宗教改革对近代社会的影响更大。那么，具有重大历史意义的宗教改革究竟是什么呢？路德与加尔文等"基督新教"出现后，与以罗马教皇为中心的"天主教"相对立，并迅速蔓延而形成了近代国家意识形态的基础。这就是所谓"基督教的分裂"，基督教分成了旧教（天主教）和新教（基督新教）。

分裂以后，新教的势力日益强大，招致天主教方面的排斥。于是，诞生了耶稣会。

耶稣会是在新教蔓延世界以前，以将旧教天主教的福音传播到世界各个角落为目的而诞生的组织。创始人是圣依纳爵·罗耀拉。耶稣会先锋之一圣方济·沙勿略传教士（San Francisco Xavier，1506—1552年）经由印度、东南亚，传教到了日本。

传到日本的基督教不是单纯的基督教，而且是反对新教的旧教一方的、耶稣会的激进天主教。那时，如果基督新教传到了日本，那么日本的历史会是另一番面目吧。

书归正传，亨利八世进行了宗教改革后，马上打出反对路德的旗帜，颁布了反对新教伦理的声明。并因其反对新教伦理，而被罗马教皇利奥十世授予"信仰的拥护者"称号。也就是说，亨利八世因拥护天主教而得到表彰。

但是，亨利八世要同凯瑟琳王妃离婚。国王是可以离婚的，可是，作为"信仰的拥护者"，国王的再婚必须经教皇批准。再婚的对象是安妮·博林，以后成了伊丽莎白一世的生母。教皇却迟迟不肯批准。

身为英国国王却要向教皇申请批准，这让亨利八世忍无可忍。他恼羞成怒，于1534年颁布了《至尊法案》（Acts of Supremacy），宣布英国教会正式脱离教皇教导权而独立。这就是英格兰国教会"圣公会（Anglican Church）"的开端。

如此这般，英格兰国教会明显是英国式民族主义。民族主义就是本国主义。这是以英国的国家利益为基础的宗教体制。

而且,《至尊法案》反映了"国王至尊主义",是建立在以国王的权利为绝对存在的基础之上的。这与天主教的"世界普遍主义"大有不同。天主教有着将宗教普及到全世界的意思。即"天主教＝宗教＝世界＝普遍"。

自坎特伯雷修道院创建以来,英国的基督教拥有一定的传统。不少人信仰旧教,信仰基督教之普遍性。其中,有一部分人无法容忍亨利八世的强权政治。

其代表是托马斯·莫尔。他著有《乌托邦》(岩波文库),是首当其冲的天主教人文主义旗手。他因执拗地反对亨利八世的婚姻和《至尊法案》,而被送上了断头台。

不仅托马斯·莫尔,当时有很多迷恋天主教的人物。1553年即位的玛丽一世曾经试图反过来利用"国王至尊主义",将国教改为天主教。她乘势迫害新教,对300余名新教徒施以火刑。因此,玛丽一世被称为"血腥玛丽"。这一镇压把新教势力逼上穷途末路。新教徒们不得已逃往加尔文进行宗教改革的日内瓦等地。

紧接着玛丽一世即位的,是25岁的伊丽莎白一世。

1580年,因国教会事件和"血腥玛丽"的迫害而疲惫不堪的英国国民对伊丽莎白一世登基表示欢迎。逃亡大陆的新教信仰者们也期待新时代的到来。伊丽莎白一世考虑将天主教和新教融合在一起,采取不偏向任何一方的宗教政策。

于是,"圣公会"(Anglican Church)应运而生,这就是英格兰国教会。然而,英国没有余力实施这一政策。因为英国为了与其竞争对手西班牙争夺"七海",海上大战一触即发。

西班牙是天主教国家。伊丽莎白一世在对外政策上不是从宗教对立的角度去考虑，而是一定要用武力一举摧毁西班牙。就像"小布什的战争"一样，其背景中存在宗教对立，却并不拿到表面上来。结果，英国用武力击败了西班牙的无敌舰队。舰长弗朗西斯·德雷克（Francis Drake，1540—1596年）立了大功。

然而，英国并没有因此将视线从国外转移到国内。英国开始面临新的挑战，那就是"清教徒主义"的抬头。清教徒（Puritan）是英国特有的基督新教徒。

混入英国的"异质"
——关键词是"流亡分子"

清教徒主义是在剑桥大学三一学院（Trinity College）刚刚建立时诞生的。在那里，有一位叫托马斯·卡特赖特（Thomas Cartwright，1535—1603年）的青年主攻神学，成绩优异，曾与即位前的伊丽莎白一世进行过模拟讨论。卡特赖特后来被卷入大学的人事纠纷而遭到排挤，就在他抱怨自己不走运时，一个运动发生了。

那就是被称为"流亡分子"的运动。

流亡分子一词源于"emigration"，是移民至别国的意思，是解读清教徒主义的重要关键词。相反，"immigration"是移民到本国，或让某某移民的意思。

流亡分子最早是一个歧视称呼，指因遭到"血腥玛丽"迫害而被迫逃往荷兰、日内瓦等地的新教徒。许多流亡分子在伊丽莎白一世即位后，回到了英国。其中，从日内瓦等地回国的流亡分子们带回来的是激进的加尔文主义火种。这就牵连了青年卡特赖特。

加尔文主义（Calvinism）用一句话概括，就是以拉丁语"Sola scriptura"即"唯独圣经"为方针，意为"唯独以圣经为依归"。其主要思想是，圣经是万能的，不适用于圣经的现象即世上所不存在的。因此，不管多么困难的现象或问题，都要在圣经的字里行间寻找解决方案。

与此相反的是，同样是新教，路德主义则主张"Sola fide"，即"唯信仰主义"。当然路德也重视圣经，却把重心放在信仰的力量上。

有关具体内容请参阅大木英夫所著《清教徒》（中公新书），最近有增补版的单行本。书中的解说是我写的。大木英夫曾任日本清教徒主义学会的会长。

卡特赖特吸收了加尔文主义思想，满怀激情，在剑桥大学谋到一职后，开始对英格兰国教会中心主义展开激烈的批判。但是，英格兰国教会既然成了国教，就不会轻易动摇。英格兰国教会中心主义是体制思想，卡特赖特的主张就成了反体制思想。结果，卡特赖特遭到迫害，不得不流亡日内瓦。

虽然卡特赖特流亡海外，流亡分子们给英国带来的炽热火种却并没有熄灭。一般来说，许多具有影响力的思想人士因遭遇危难而不得不退出后，其影响力反而会扩大。当时，伊丽莎白一世试图说服他们做出服从英格兰国教会的姿态。这被称作"奉从主义"（conformism），后来发展成为一种典型的英国国民性。

但是，流亡分子们没有因奉从主义而满足。他们扮成各种角色，开展了三个方向的运动。

一个方向是地下传教运动，还被称为阶级（classis）运动。其发起人就是卡特赖特。

第二个方向是逃亡国外（exodus）。其中有最早抵达美国的"朝圣先辈"（Pilgrim Fathers）。他们1620年乘坐五月花号于南安普敦出发，1630年大举移居新大陆。正是他们建立了"新圣地"——美国。

第三个方向是发展成了革命运动，引发了清教徒革命（Puritan Revolution，即英国内战）。

地下传教运动、逃亡国外和清教徒革命，这些历史事件都对后来的世界命运起了决定性作用。

为什么一部分新教徒被叫作清教徒呢？那是因为他们被周围的人笑为"装作纯真的家伙"。许多历史用语都源自歧视的称呼。历史的关键是由"异质"掌控的。清教徒为什么能遍及英国呢，我接着讲。

之前，我要解释一下基督教的简史。本来，基督教扩张的历史始于有了"教父"思想之后。

教父（Church Fathers）提供的主要思想是，基督教包含于一个宇宙、一个共通世界中。公元二三世纪，安提约基雅的圣依纳爵、亚历山大城的革利免、俄利根等人都是典型的教父形象。

根据这一教父思想，基督教在各地建立了宗教社会有机体的聚居地，被称为"基督教徒共同体"，意为基督教社会。主张先于每个人的生死，存在着为信仰基督教的人的世界。

然而，接下来是教皇登上历史舞台，各国的君主纷纷登基，领主们加强各自的势力。以后，教皇和国王同时并存。接着，各地纷纷建立了类似"城市国家（城邦）"的体制。于是，基督教的宇宙观和世界观不再仅仅是从前的普遍主义了。教父的世界观、教皇的世界观、国王的世界观、城市国家的世界观都各不相同。因此，它们在互相感知的同时，不得不逐渐互相了解对方的历史变迁和社会动向，并对各自的体制进行相互记谱式编辑。

基督教徒们也逐渐发生了变化。即人的形象发生了变化。那以前，像浮雕一样紧贴着以基督教为骨骼的社会的人会得到赏识；而变化后则是信仰者必须要像立体雕塑一样站立起来。

例如，在美术界，卡拉瓦乔（Michelangelo Merisi da Caravaggio, 1571—1610年）是我最喜欢的画家之一。他所描绘的耶稣基督及其使徒都不是天上的神的形象，而是有血有肉的人的形象。卡拉瓦乔不仅描绘光，还把影子也描绘得十分浓重。耶稣基督像的构图是从脚下看到胸前的。这是基督教绘画的明显变质。在美术史上，这个时期正值从文艺复兴向风格主义、巴洛克艺术的过渡期。

同样在文艺思想、历史思想以及社会思想方面，表现这种社会变化和人物形象变化的作品相继出现。例如，相对于但丁的《神曲》（其世界观是相信崇高的上帝的共同体之存在），出现了约翰·弥尔顿的《失乐园》（岩波文库），向紧紧依附中心的乐园思想敲响了警钟。

上述的托马斯·莫尔所著《乌托邦》也正是这样的作品。故事的主人公梦见任何人都认可的道德、任何人都能理解的法律、大家能共有的财产、流血最少的战争等等，醒来后却发现自己睡在汉默史密斯的破床上。

那么，人本身的这种变化会走向什么方向呢？对此进行彻底思考的，正是"流亡分子思想"。

不断移居的流亡分子思想
——理念上的移居时代

流亡分子（émigré，又称流亡者、亡命者）指移居别国的人。移民不同于定居者，也不同于游牧民。他们有自己的故乡，试图离开故乡移民到别处，追求"第二故乡"。

从16世纪到17世纪，许多有"流亡分子思想"的人登上了历史舞台。

流亡分子们追求的不仅仅旅行，移民的原因或是因迫于无奈，或是为追求新天地。在那个时代，还没有"旅行的浪漫"这样的概念。旅行开始普及是在客船和火车开始发展的19世纪。

犹太人自古以来就是被迫离散的，被称为"流散民"（Diaspora），分散在世界各地。因此，犹太人把移居地或是永居地梦想成摩西以来的"应许之地以色列"。但是，这一意义上的以色列至今仍未建成。而犹太人曾经只因为"是犹太人"就被镇压，甚至被虐杀。

在第二次世界大战后，"应许之地以色列"终于有了建立国家的机会，却成了一个傀儡国家。我将在西方卷第10讲"英国的错误"中讲述。

在那以前的犹太人不仅受到镇压，还被强迫改信天主教，又被驱逐到西班牙的伊比利亚半岛上，后来，这些改变信仰的犹太人被叫作"马拉诺人（marranos）"。马拉诺人后来也移民到异乡，追求理想天地。在移居到荷兰法兰德斯地区的马拉诺人中，有画家伦勃朗、哲学家斯宾诺莎等人。

如此说来，欧洲的17世纪还是一个"理念上的移民时代"。这是值得关注的。

作为不断移居者，移民们当然有其独特的思想。这成为清教徒主义的实践精神，并蔓延到新的移居地。其中流动着新的价值、劳动和时间。

清教徒文学的杰作有约翰·班扬所著《天路历程》（新教出版社）。该作品被称为近代文学的先驱，不但影响了《鲁滨孙漂流记》的作者丹尼尔·笛福、《格列佛游记》的作者乔纳森·斯威夫特等人，而且一直影响到20世纪的大卫·赫伯特·劳伦斯（David Herbert Lawrence，1885—1930年）。为什么这么说呢？这是因为作品中的逃离旧世界的信仰者的新形象暗示了"近代的到来"。《天路历程》的历程就是这个意思。

朝圣先辈们移居美国也是憧憬这一历程的结果。美国至今仍不得不接受移民，就起源于此，而不是因为美国多么宽容大度。美国这个国家本身就是作为"移居地"而建立的国家。2001年"9·11恐怖袭击事件"发生后，美国因担心恐怖事件的发生而对移民加以防范。从此，美国已经不再是原来的美国了。

世界观的编辑方法
　　——一神教与多神多佛的区别

　　各位知道吗？日本国会议事堂的正面大厅的两侧立着三座高大的雕像，分别是板垣退助、伊藤博文和大隈重信这三位历史人物，是由高村光云雕刻的。

　　在位于伦敦中心威斯敏斯特市的威斯敏斯特宫（即议会大厦）正面，矗立着一座高大的铜像。各位知道那是谁吗？是护国主奥利弗·克伦威尔。这座克伦威尔铜像的两只手很特别。右手放在剑柄上，左手拿着圣经。就好像伊斯兰所说"是《古兰经》，还是剑？"一样。克伦威尔的形象何以如此呢？为什么将他的铜像立在议会大厦前呢？

　　需要引起注意的是，常听说伊斯兰教徒（穆斯林）有"右手持《古兰经》，左手持剑"的格言，其实不是真的。那是欧洲人为夸张伊斯兰势力的恐怖而编造出来的。《古兰经》上没有这样的记载。《古兰经》上写的是"右手优先"。伊斯兰社会是彻彻底底的右手优先社会。吃饭的时候只用右手，左手被视为不干净。

这些姑且不谈,为什么克伦威尔的雕像立在议会大厦前呢?克伦威尔是把国王查理一世送上断头台的人物,却成了国会议事堂的象征。英国到底是什么样的国家呢?令人思而不解。

人们常说欧美社会最根本的性格是"一神教"。一神教是信仰唯一绝对神的思想。一神教信徒相信他们所崇奉的神是独一无二的,应该享受神的教导和恩宠。

一神教把许多价值都分成正负两面,比如,善与恶、光明与黑暗、精神与物质、圣与俗、正常与异常等。这是"二分法",即"二者择一"(dichotomy)的思维方式。我在著作《如何解读世界与日本——写给17岁的年轻人》(春秋社)中做过详细介绍,其原因是许多一神教诞生于干燥的沙漠环境中。

在严酷的自然条件下,如果存在多位神,他们所说的话都不一样,一定会令人不知所措。如果议长或领导只有一个人的话,站在岔路口犹豫是往左走还是往右走的时候,只要听从如同神一样的绝对领导的判断就能决定前进方向。

相对而言,在信仰源自森林型"多神多佛"的社会,是要静观局势发展的。大家想再等一段时间,或是听更多的意见。就好像七拼八凑的曼陀罗似的。各方面的领导有好几个人。无论去哪里,静观雨季、分辨蘑菇,或是打猎,都按不同的方向分成小队行动。最后再全体集合。这形成了以佛教为中心的亚洲性格。

在森林型的思维与生活中,有时也需要"保留"或"延缓"。但是,在干燥地带和沙漠地带,如果不慌不忙的话就有除此以外，还有各种"异端"大多属于"神秘主义派"，在此省略。但是，同样的基督教中，差异最显著的还要说是天主教和基督新教。

由于路德与加尔文的宗教改革，分成了天主教和基督新教两派。如果把这简单地看成"旧教与新教的分派"，就有些不对了。英国的清教徒革命、法兰西的胡格诺战争、德意志的三十年战争都是由天主教与基督新教的矛盾冲突所引起的。十字军正是如此，显示了基督教好战的一面。基督教常常指责伊斯兰过激派是无可厚非的，但其实基督教也是好战的。

与天主教相对抗的基督新教提出了"新教伦理"（Protestant work ethic）这一概念，在历史上具有很大的影响力。

许多教派都拥护新教伦理。比如，路德派（信义宗教会）、改革派（加尔文派）、长老派、浸礼派、贵格派、虔敬主义、循道宗教会、信仰复兴运动、自由主义神学、基督教青年会（YMCA）等等。耶和华见证人、摩尔门教也是基督新教。冬天在街上募捐的救世军是循道宗教会的一个分支。

基督新教是多样的，而且重视教育。美国东海岸的哈佛大学、耶鲁大学、波士顿大学等都起源于基督新教教会。其中也有激进派，比如，韩国的基督教传教士文鲜明创立的"统一教会"，常被叫作"原理运动"。

新教伦理不仅深深地根植于近代社会以及近代思想之中，而且与许多社会改革运动相关。"勤劳""劳动""生产"等则成为当今社会的基本观念，渗透到支撑日常生活的体制当中。

一个是，基督新教有"抗议者"的意思，本来是与社会改革和社会进步等思想的萌芽紧密相连的。另一个是，他们相信勤劳的新教徒所从事的职业是"天职"（calling）。Calling 是德文"Beruf"的英译，反映了新教伦理的性格。

这些都很容易与资本主义相结合。资本主义是与"勤劳""劳动""生产"相结合的，是与"明天更进步"这样的希望相结合的。就连今天的资本主义社会的前提都是以新教伦理为根基的。马克思·韦伯所著《新教伦理与资本主义精神》一书是名著，值得关注。韦伯本人就是新教徒。

新教伦理大为盛行的一大原因是英国的清教徒以及清教徒革命。

有一个说法叫"白人盎格鲁－撒克逊新教徒"（White Anglo—Saxon Protestant，WASP），指来自英国的美国白人新教徒。白人（W）、盎格鲁－撒克逊（AS）、新教徒（P）。这个 P 原来是清教徒的 P。

留居者们的清教徒革命

清教徒革命是什么呢？用一句话来说，就是处决国王的革命。被处决的是查理一世。日本的首相中，以伊藤博文和原敬为首，有几个人是被暗杀的。而查理一世不是被暗杀，是被公开处决的。

英国在伊丽莎白一世之后，开始了詹姆士一世的斯图亚特王朝。日本虽然是由天皇统治，但是除了在后醍醐天皇以后的南北朝时代，北朝胜利以外，几乎没有发生过所谓改朝换代。英国经历了金雀花王朝、兰开斯特王朝、亨利八世和伊丽莎白一世的都铎王朝、斯图亚特王朝、汉诺威王朝，如此改朝换代。而法兰西则经历了瓦卢瓦王朝、波旁王朝，奥地利的哈布斯堡王朝，普鲁士的霍亨索伦王朝，俄罗斯的留里克王朝、罗曼诺夫王朝等。其他的欧洲王室也大致如此。

英国斯图亚特王朝的詹姆士一世主张"君权神授理论"（Divine right of kings），成为绝对专制君主，超过了启动绝对君权并建立绝对霸权的伊丽莎白一世。

虽然英国有13世纪"大宪章"以来的国会，但是，詹姆士一世对国会几乎熟视无睹。其宗教政策也相当国家主义化，不但偏袒英格兰国教会的教徒，而且迫害新旧基督教的教徒。

于是，清教徒们提出"千人请愿"，在汉普顿宫召开了具有历史性的会议。但是，其成果只是詹姆士一世认可了圣经译文的决定版，其他的要求都遭到了拒绝。这个圣经叫"钦定版圣经"（Authorised Version），缩写为AV。在美国叫"詹姆士王译本"（King James Version），缩写为KJV。

那时，对詹姆士一世统治下的社会停滞看破红尘而成为"新流亡分子"的是，1620年乘坐五月花号逃往新天地的第一批朝圣先辈。

如果不逃出去而留在英国，就不得不屈从于詹姆士一世的权力。而到了斯图亚特王朝，则没有任何势力能削弱国君权势，甚至连国会都毫无作用。

到了查理一世执政时期，国会终于颁布了关于课税权的"权利请愿书"。然而，查理一世却于1629年解散了国会。以后，无国会状态持续了十多年。这就是英国绝对主义危机。此时，奥利佛·克伦威尔登上了历史舞台。

在经过十年空白后，重新召集国会，当然保皇派议员和国会派议员互相对立。下议院通过了决议限制国王的权力。以此为契机，保皇派集结在一起。

时机到来了。克伦威尔以农村清教徒为中心组织了"铁骑军"这一武装力量，将国会内部的对立发展成了内战。这是要发动革命时的一般战略，即将内部矛盾外化。

克伦威尔抵抗保皇派的战斗屡屡得胜。查理一世很快就被逮捕，继而被送上了断头台。国王竟然被处决了。所以，克伦威尔的铜像是把手放在剑柄上的。

此后，克伦威尔开始加强势力。特别是镇压了反国会派的据点爱尔兰和苏格兰。1653年他自封为护国主，建立了以护国主为中心的新体制。这使他人气大增。中间有过拥戴克伦威尔为王的动向，受到反对派的制止。结果，克伦威尔加强了军事独裁的护国主政权，死于1658年。

这就是克伦威尔的铜像立在议会大厦前的原因。

清教徒革命具有一种先驱性，主张"国民的身体和财产不可侵犯"。这被认为是"国会的胜利"和"共和政治"的开端。最近，有观点把清教徒革命看成"英国市民革命"。

但我不能理解，为什么说克伦威尔的进军是市民革命呢？不如说，克伦威尔用武力镇压了爱尔兰，而这在今天仍然是爱尔兰自治问题的核心。

这姑且不谈，观察英国在那以后的历史潮流，会发现清教徒革命以后在伦敦盛行咖啡屋。以咖啡屋为据点，辉格党和托利党这两大政党登上了历史舞台，并以此为背景于1688年发生了没有流血冲突的政变，即"光荣革命"。1689年议会通过了限制君权的《权利法案》，奠定了国王统而不治的宪政基础，国家权力由君主逐渐转移到议会。以后大约30年，英国逐渐建立起"君主立宪制政体"。清教徒革命正是这一大潮流的起点，在这个意义上，可以说是英国历史的重要节点。

国家是"人造人"的集合体
——解读《利维坦》

在查理一世被处死、克伦威尔加强军事政权的时候,在法兰西流亡的一个英国人一直在关注着这一动向。他就是政治哲学家托马斯·霍布斯(Thomas Hobbes,1588—1679年)。

托马斯·霍布斯因其著作《利维坦》①(岩波文库)而闻名于世。《利维坦》是一部极为重要的著作,其主张与后来近代国家(国民国家)的建立紧密相关。

书中提道"什么是社会的自然状态""在社会的自然状态下如何才能建立起国家"等等。自然状态是指"不存在任何政治权威的无秩序社会"。

托马斯·霍布斯开始思索政治哲学的时候,正值詹姆士一世统治时期。他年轻时曾任詹姆士一世的心腹大法官,还担任过哲学家弗兰西斯·培根的秘书。因此,他最有资格思考那个

---

① Leviathan,全名为《利维坦,或教会国家和市民国家的实质、形式和权力》。

时代被公然断言的"君权神授理论"。

君权神授理论主张，国王是由神授予君权的存在。这是保证君权的绝对性的意识形态，强调国王的权利是由唯一绝对神授予的正统性。因此，被称作"绝对主义"。

但托马斯·霍布斯认为，君权并非仅仅如此。各代君权难道不是被赋予作为上帝的代理而保护臣民生存权利这一使命的吗？如果说神保护人们的生存，那么，君主难道不正应该继承这一点吗？

请思考一下。

本来，"生存"是有极为特别的社会特征的。即"生命是不可转让的"。既不能把生命给他人，也不能得到他人的生命。这在哲学或社会学中称为"自我保存权"，在政治学中叫作"生存保存权"。这就是今天所谓"人权"的基本，是非常重要的。

但是，再仔细想想，如果个人都要保护自己的生存，那么，他人也要保护自我生存权。于是，就会发生个人与他人的竞争、摩擦或侵犯。实际上，憎恶、对立、杀害几乎都是因此发生的。每个人都认为自己是首要的，这是理所当然的。也就是说，本来"生存权与生存权之间是相互冲突的"。

由此看来，人权不是仅靠被承认就能得到保护的。托马斯·霍布斯时代的国会把人权提到了议事日程。在托马斯·霍布斯看来，只是人权集中，还无法让人权得到保证。

另一方面，君权为了承认臣民的生存权，有时需要让臣民绝对服从自己。事实上并非如此，君权在绝大多数情况下，是要求臣民必须服从自己的。在君权居首的绝对主义社会就是如此。承认生存的代价是服从君权。可以说，君权就是在相互冲突的人权之上维护人权的存在。

自上而下的君权与自下而上的人权。这两者是发生冲突,还是互相妥协呢?如果放任不管的话,自然状态会死灰复燃的。

于是,托马斯·霍布斯做出了转变思维方式的假设,并关注将君权与人权相连接的"国家"这一存在。进而,他提出了这样的国家模式需要建立许多人权集合在一起的"国家规模"。也就是说,他主张君权是人权的集合体。

这成为后来近代国家论的出发点。对此做出论述的就是《利维坦》一书。

利维坦是出现于《旧约圣经》中的海怪的名字。托马斯·霍布斯以此比喻君主专制政体的国家。他把国家说成是由人建立的、以人为素材的、如同利维坦一样的、人造人的集合体,是仿佛人的集合机器一般的怪兽,即幻兽国家。

在书中有利维坦的插图。画中,君临山顶的是头戴王冠的巨人,仔细看的话,会看见巨人的身体是由许多小人聚集而成的。许多小人组成了更大的人,进而构成了国家规模的利维坦。托马斯·霍布斯将此称为"有生命的国家"。也就是人的集合国家。

托马斯·霍布斯认为,力量几乎均等的人们集合在一起,为了维护彼此的生存,为了长久维持这一状态不遭到破坏,只有让国家拥有强有力的主权而形成这样的"拥有人权的怪兽们"集合体。

这是非常敏锐的思考。实际上,托马斯·霍布斯所著的

《利维坦》后来从两个方向起到了理论先驱的作用。

一个是成为卢梭和孟德斯鸠提倡的"社会契约论"的先驱理论。将主权从绝对君主转移给人民，就是法兰西革命。也就是说，《利维坦》成了法兰西革命的先驱理论。

另一个是预见了臣民（国民）为了自己的生存，在拥有的生存权遭到侵犯时享有"抵抗权"。《利维坦》后来成为"国民国家"的先驱理论。

就这样，经过从詹姆士一世到查理一世被处刑的时代，托马斯·霍布斯身在外国观察英国的清教徒革命，预告了与清教徒革命带来的结果所不同的"近代的到来"。

是的，托马斯·霍布斯没有肯定克伦威尔的革命。正相反，在提及基督教的社会时，他批判基督教的教会权力对社会的影响力过大。他说道："基督教的信仰除了相信耶稣基督为替人类赎罪而做出牺牲以外，还有什么呢？"这是强有力的指责。

接下来，我想暂停关于伊丽莎白一世以后的欧洲话题。我讲述"英国之谜"的意图各位读者是否理解了呢？在后文中我还要回到英国的问题上来。

我列举了英格兰国教会、"流亡分子"、新教徒和清教徒，还有关于"国家"最初的近代性格产生的背景等等。这令人感到一种强烈的时代洪流，那就是，基督教这个一神教的历史变迁与英国这一君权国家的建立过程相重合。而且成为后来美国的建立和资本主义席卷世界的诱因。

在下一讲中，我换个话题，讲讲在德川家康时代的日本。

第4讲

华夷秩序中的将军之国

德川时代的日本如何看世界？
——德川家康的五项处置

在我开始讲日本之前，请各位和我一起用一种"辗转变迁"的眼光来回顾一下当时的世界格局。日本是如何与世界接触的，而海外各国又是如何看待日本的，就好像是相互记谱一样。织田信长、丰臣秀吉暂且不谈、就从德川家康开始说起。因为不管怎样，江户时代是近代日本的一面镜子。

德川家康比伊丽莎白一世小9岁，62岁时在丰臣秀吉死后的大名（即诸侯）的统领选举中获胜，于1603年（庆长八年）登上了征夷大将军这一宝座。那一年，在位45年的伊丽莎白一世去世，享年70岁。

即使德川家康当上将军，丰臣秀吉的残党仍然活动在以关西为中心的地区。为彻底消灭残党，德川家康的讨伐一直到1615年（庆长二十年）大阪冬之阵和夏之阵之后才结束，花了十余年。在此期间，德川家康已经对国际社会开始关注了。那时，在决定日本将来的基本方针时，他采取了几项措施。这些都是日本如何看"世界"的关键。

我要请各位关注的是"德川家康的五项处置"。

"处置"即措施。之所以用"处置"来表达,是因为在江户时代非常重视"仕置"(即惩罚)"布置""处置"的"置"字。用英文说就是"put on""put out""put off",语感很相似。20世纪80年代,日本著名演员藤田诚主演的电视剧《必杀仕置人》曾红极一时。

德川家康的第一项处置是,1600年(庆长五年),荷兰船 De Liefde 号(De Liefde,意为"爱"或"慈悲")漂流到丰后国(现日本大分县),乘船人之一威廉·亚当斯(William Adams, 1564—1620年),日本名三浦按针,后来被德川家康任命为外交顾问。

亚当斯是英国人,乘坐的是荷兰船。荷兰计划从鹿特丹向远东航海而招募航海士时,雇用了亚当斯。据记载,由五艘船组成的船队出发后,中途遭遇了暴风雨,等漂流到日本时,整个船队仅剩下 De Liefde 号一艘,110名船员中仅24人幸存。亚当斯就是其中之一。

德川家康看中了亚当斯。同时,他有一个将日本的外交通商窗口设在荷兰的构想。为什么选择荷兰呢?这是关键。

在日本史中,1600年最有名的事件是关原之战。在世界经济史中,1600年在英国成立了东印度公司。两年后,在荷兰成立了东印度公司(Verenigde Oostindische Compagnie,简称 VOC),正式名称为联合东印度公司。又过了两年后,在法国也成立了类似的贸易公司。

这个时期正值德川家康要巩固政权。葡萄牙对印度洋虎视眈眈、英国击败西班牙、荷兰从西班牙独立、法国实行重商政策，各国争相瞄准亚洲。

其中的先锋是荷兰的东印度公司。该公司是实现了有限责任投资的"世界最早的股份公司"。先筹集650万盾的资金，将资金投入，十年后结算收益。这是有着合理体制的公司，后来成为欧洲的股份公司模式。

而伊丽莎白女王统治下的英国，则趁着弗朗西斯·德雷克（Sir Francis Drake）的海盗式环球航海获得成功，开始了在亚洲的贸易，试图在与荷兰的竞争中胜出。英国的目标是绕过好望角到达印度。

17世纪的印度正值莫卧儿帝国的鼎盛时期（皇帝阿克巴统治的巅峰期）。英国从莫卧儿帝国获取印度东部的征税权和行政权（这样就可以免除关税并修建要塞），在当地建立据点。后来，英国巧妙地控制了印度的棉花和鸦片，发明了"三角贸易"，开启了殖民主义。随着股份公司的诞生，英国在亚洲开始了三角贸易，这不但对后来的欧洲列强，而且对近代以前的亚洲都具有深远的影响。

东印度公司与间谍行动
——锁国与海禁的区别

德川家康的第二个有先见之明的处置是，1604年让长崎的丝绸商人接替葡萄牙的业务，并于1609年在平户开启了与荷兰的贸易。

始自丰臣秀吉时代的朱印船贸易主要进口生丝、纺织、砂糖、鹿皮、鲨鱼皮等，出口刀剑、樟脑、银、铜、硫黄等。经营这一贸易的是长崎的末次平藏和荒木宗太郎、博多的岛井宗室、摄津的末吉孙左卫门、京都的角仓了以和茶屋四郎次郎、堺的今井宗薰和纳屋助左卫门等商人。他们都是大贾巨商。

其中，从中国进口生丝是最重要的生意，是由京都、堺、长崎的丝绸商人独占的。一般来说，是用葡萄牙船或西班牙船、有时用中国船运输中国的生丝。但是，葡萄牙和西班牙要在贸易中加上基督教传教士或出口枪支等军火的条件。德川家康对此怀有戒心。

然而，荷兰则显得文雅大方，表示服从德川家康。荷兰是流亡分子的发源地，总部对基督教传教的管制不严格。只要防范军火混入，其他的生意让荷兰东印度公司来做就好。

1641年（宽永十八年），荷兰商馆在出岛（长崎港内的人工岛）上建起来了。对荷兰而言，独占日本贸易是巨大的成果，因此，在后来跟幕府的各种交涉中都表现得很合作。那时，英国依然停留在印度，还没有跨过马六甲海峡。

但是，这一处置并不是锁国的第一步。江户幕府的第一道锁国令是1633年（宽永十年）颁布的，禁止除了奉书船[①]以外的船只航行海外。第三道锁国令是把外国船的入港限制在长崎。1639年（宽永十六年）的第五道锁国令是禁止所有葡萄牙船入港。事实上，江户幕府发布的这一系列通告或禁教令（基督教禁令），并没有构成"锁国体制"。

在日本史的教科书中写着，幕府在"锁国"（nation isolation）后切断了与海外各国的交涉，事实并非如此。

进出是受限制的，所以，是和中国明朝历史上的"海禁"相同的。德川幕府禁止日本人的海外交通，限制外交和贸易，却并没有锁国。日本同李氏朝鲜以及琉球王国等保持着"通信"联系，同中国（明朝和清朝）和荷兰有"通商"关系。

确切地说，幕府是为海外交流和海外贸易开了"四个港口"。即长崎港（经由天领的长崎会所）、对马港（经由对马的宗氏）、萨摩港（即琉球港，委托萨摩藩实现了同琉球王国贸易）、虾夷港（经由松前藩实现了北方贸易）。

[①] 指除了将军发放的朱印状以外，还有老中发行的叫奉书的许可证的船只。

幕府不但设置了四个港口，而且并没有禁止来自海外的信息流入。比如，通过从荷兰定期获得各种最新的国际情报。这就是有名的《荷兰风说书》，是日本最早的间谍报告。

　　《荷兰风说书》是长崎的荷兰商馆甲比丹（意为商馆长）所写的报告，被翻译成日文并由长崎奉行[①]定期发送给幕府。其中除了包括荷兰的情况以外，还有葡萄牙、西班牙、英国等欧洲各国的情报，以及印度、马六甲、爪哇、中国的情报等。另一个风说书，是巴达维亚（Batavia）殖民地政厅编写的《别段风说书》，满载当地的最新情报。

　　这里说的情报是与国家利益息息相关的"国家情报"。把这种半封闭半开放的"处置"概括成"锁国"的是日本的荷兰语翻译志筑忠雄。他把来自德国的医生恩格尔贝特·坎普弗尔（Kaempfer Engelbert，1651—1716年）归国后写的《日本志》（1727年）最后一章翻译成了"锁国论"。因此，"锁国"是志筑忠雄创造的新词。但是，这本书没有出版，所以，江户时代的人们不会知道"锁国"这个词。实际上，"锁国"是到了明治时代才开始使用的历史学用语。是因和辻哲郎[②]的著作《锁国——日本的悲剧》而为众人所知的。

[①] 日本江户时代的一种官职或军职。
[②] 1889—1960年，日本哲学家、思想史家。

萨摩芋与天主教
——外在因素的流入改变了内部

德川家康的第三项处置也是在 1609 年。一艘来自马尼拉的船漂至千叶县上总。船长名叫唐·罗德里戈（Don Rodrigo，1590—1630 年）。德川家康立即接见了他。一问才知道他是新西班牙人。新西班牙就是现在的墨西哥。

于是，德川家康开始对墨西哥的物产感兴趣，在唐·罗德里戈启程回国时，派京都商人田中胜介等人同行。结果，收获正如德川家康所料。

为什么德川家康会对墨西哥产生兴趣呢？大家也许很难想象。其原因竟然是珍贵的萨摩芋（即甘薯）。当时，墨西哥的萨摩芋是单位种植面积热量最高的农作物，按 1000 平方米的农地可以养活的人口来看，小麦是一个人、大米是三个人，而萨摩芋则是五人以上。中国是明朝时引进萨摩芋的，福州的陈振龙把萨摩芋作为救荒农作物普及推广。后来在中国被称为"金薯"，备受重视。在徐光启的《农业全书》中也有记载。

进入18世纪以后，已经被称为"甘薯"的萨摩芋经由琉球，由青木昆阳开始在日本国内种植。德川家康掌握这些情报之后，非常重视，制定了"德川日本自给自足"的方针。

中国的人口在汉代约6，000万人，以后的变化一直不太大，然而，进入18世纪后一下子增加到了4亿人。这跟萨摩芋的普及大有关系，中国的历史书中对此亦有所记载。

德川家康的第四项处置是，1612年（庆长十七年）颁布了极其严格的吉利支丹禁教令[①]。织田信长和丰臣秀吉都曾对吉利支丹表示关注和警戒，而德川家康则做出了清晰的结论。织田信长驱逐传教士是禁止传教权，丰臣秀吉禁止所有传教活动并颁布半天连（意为神父或传教士）追放令，而德川家康则"禁教"，禁止信教。具体包括"伴天连门徒御制禁"，由金地院崇传[②]起草的"排吉利支丹文"。禁止被称为"邪宗门"的天主教信仰。

那以后，禁教发展成"岛原之乱"。这是天草领主寺泽氏和岛原领主松仓氏反抗暴政的岛原一揆（意为武装起义）。1637年（宽永十四年），因大饥荒而挣扎在生死边缘的农民们在16岁的天草四郎（又名益田时贞）的带领下守据原城。首领和农民中有许多吉利支丹（即天主教徒），他们做出殉教的准备，令幕府的镇压迟迟不得手。

[①] 吉利支丹是日本战国时代、江户时代乃至明治初期对国内天主教徒的称呼。

[②] 1569—1633年，日本江户时代的僧人，德川家康的得力助手，被称为"黑衣宰相"。

武装起义的人数达到37,000人。幕府拼凑的来自九州大名们的兵力为127,000人（也有5,800人的说法），到了第二年才平息了暴动。

在日本史上，农民武装起义和吉利支丹暴动同时发生是非常罕见的。天草四郎高举的旗子上面，画着圣杯、十字架和天使，表达了吉利支丹的意志。如果吉利支丹的抵抗运动继续蔓延下去的话，明显会给幕藩体制带来打击。

岛原之乱之后，幕府颁布了第五道锁国令，将荷兰商馆从平户迁至出岛，在全国各地实行"宗门改"①一旦查出信奉耶稣的"隐藏的吉利支丹"，就用"踏绘"②等方式进行揭发。那以后，隐藏的吉利支丹就和净土真宗（日本佛教流派之一）的门徒等混在一起了。

如此这般，德川家康担心基督教会破坏日本，做出了顺势利用神佛儒（神道、佛教和儒教）构建日本社会的决断。

因此，德川统治下的日本是"耶稣御法度"（意为禁止基督教），日本与基督教的关系，其实比日本史教科书上写的更为重要。岛原之乱之所以在岛原和天草爆发，是因为岛原是有马晴信的领地、天草是小西行长的领地，而两人都是吉利支丹大名（意为信仰天主教的诸侯）。

---

① 即调查民众所信仰宗教的制度。
② 让人用脚踏圣母玛利亚或耶稣像以证明不是天主教徒。

严格的"身份"社会
——德川统治

　　德川家康于 1614 年（庆长十九年）开始了通称"大阪冬之阵"的战役，于 1615 年（元和元年）用"夏之阵"歼灭丰臣秀吉。同年，颁布"武家诸法度"（武士法规）和"禁中并公家诸法度"（江户幕府确立其与天皇和公家关系的法律）等法令，由此完全掌控了国内体制。这是德川家康着手的第五项处置。

　　为此，德川家康实施了彻底的组织改革，使 87 家跟从大阪方面的西军大名被迫减石①、减俸、降格。他不但把毛利家族的知行国缩小成周防二国，还把米泽藩主上杉家族的俸禄减为 30 万石，相当于以前的四分之一。德川家康完全改变了国家预算的分配，并将其与知行俸禄的分配结合在一起。还将削减的预算 250 万石分配给直辖领。

　　从大名手中没收领地叫"改易"、削减大名的领地叫"减

---

① 石为大名、武士的俸禄单位。

封"。这让大名们战战兢兢。截至德川纲吉统治的时代，被改易的大名达到53家，被削减的俸禄总额达1865万石。

这就是幕藩体制。位于最顶层的是将军和老中，以及辅佐他们的侧用人和若年寄。加上由勘定奉行、寺社奉行和町奉行这三奉行之长组成评定所，决定重要方针。德川幕府没有把行政和司法区别开来。在评定所的合议只是表面上的。

官员们都成为所谓"庄屋仕立"，由谱代大名或旗本担任要职，大部分的职务是由复数制、月番制（每月轮流制）、合议制来进行管理的。由分成亲藩、谱代、外样的大名们担任大目付（大监察）负责监督。而且这些大名们因"武家诸法度"被课以要花费巨额费用的参勤交代的义务①，各藩都处于被严加监管的状态。

约70%的幕府财政收入靠收缴年贡，其他则靠征收长崎运上金、御用金、货币改铸益金、国役金纳、小普请金等。所以，因农地收成不好或遇到饥馑，幕府经常处于财政不稳定状态。因此，必须不断进行体制改革，比如，开发新田、新井白石实行的正德之治、德川吉宗时代的享保改革等。

这是从士农工商的"士"这一角度观察江户时代，如果用其他角度来看的话，就会发现各种相互记谱。

"农"又如何呢？"农"是整个江户时代的基础。德川统治下的日本是靠农民的年贡来支撑的农村社会。虽然这可能是用近代以后的视点难以想象的，然而却是事实。在大名各藩，领主们为发展农业而管辖着各自的领地，各地方都设有代官

---

① 在日本江户时代，各藩的大名必须每隔一年前往江户为幕府将军供职的制度。

（幕府直辖地的地方官）。

各个村落设有"村方三役"，由名主、组头、百姓代这三个官职来管理村子。名主也称庄屋或肝煎。九州民谣《おてもやん》中的"きもいりどん"就是这个意思。实际上辅佐这三个官职管理村子的是"本百姓"，负责年贡、村里费用和村民的生活费，由几个五人小组构成的，起着互相监视的作用。其下属是叫水吞、名子、被官的隶属农民。

本百姓负责的工作范围很广。首先，为缴纳年贡，必须提高生产力。年贡被称为"本途物成"，原则上是上缴稻米的"米纳"，也可以上缴实物或金钱。所谓"金纳"的基本是检见法和定免法，其中有叫"小物成"的，是根据使用山林、野地、河川、海洋时的用益（使用和收益）或产品而课税，这也是由本百姓来负责的。

本百姓还要缴纳国役（年贡的一种）。治理河川的费用和人马的费用等都被课税，人马不足时还需要补充。这如果不是全家出动、全村出动的话，是无法筹措的。于是，就出现了"结"这样的组织，在插秧、重葺房顶或准备采茶祭的时候，互相提供劳动力。

关于这样艰苦的农村生活，白土三平在长篇漫画《KAMUI传》（小学馆文库）中做了如实的描写。在法政大学讲授江户学的田中优子教授在课堂上把《KAMUI传》作为教科书。

士农工商的"工"专指手工业。制盐和开发矿山是大规模工程。此外，还有进行植树造林采伐林木的林业、使用丝绸棉花亚麻纺织染色的纺织业、制造锅釜农具的铸物业、打制刀具的锻造业、生产而今成为世界文化遗产的和纸的制纸业、烧制陶器的制陶业、酿制酒酱油醋的酿造业等，遍及全国各地。加上渔业和建筑业，日本的"工"的技能在这一时期得到了长足发展。

与建筑和土木有关的被总称为"普请"（意为基本建设工程）。普请越多，就意味着经济越繁荣。现在也是一样的。

"商"中的流通是最为重要的。国家应该尽心尽力于生产和分配，就要更加发挥街道和港口等的作用，首先修建好这些基础设施，以后，人流、物流和资金流动才会更加顺畅。这就是流通。这也适用于当今社会。

在近世日本，织田信长和丰臣秀吉最早进行了大刀阔斧的流通改革；到了江户时代，德川幕府也实施了彻底的流通改革。以江户和大阪的"藏屋敷"（储藏兼出售粮食等的栈房）为中心，先由"掛屋"（负责幕府和诸藩公款采购的商人）、"藏元"（仓库管理人）、"问屋"（批发商）与之交易，再由全国的"仲买"（中间人）进行流通。这就需要"两替商"[①]。在江户时代的商业习俗是东国用"金"结算、西国用"银"结算，这就需要调整汇率。在铸造货币的同时，认真进行度量衡的换算。严密规定"升"的大小，是因为升是"论分量买卖"的基本。

商人们经营商家，雇用奉公人（意为伙计）。江户时代的商家由番头、手代、丁稚组成，其经营（营生）形成了町人文

---

① 在各种铸造货币流通的江户时代，靠交换货币而获得手续费的商人。

化的日常节奏。町的一般平民都生活在长屋里。一间长屋大概六榻榻米大小，几乎都是木板葺屋顶。这样的町是由町奉行和町官员（町年寄、町名主、月行事）管治的。几乎所有的町人都租借土地或租借店铺，由地主或房主负责打理。在落语（类似于单口相声）中经常描写这样的生活场景。

概括起来说，这就是"身份"的社会（即阶层社会）。每个人都搞清楚各自的"分"，即身份。为此，任何事情都要彻底地互相牵制。这就是德川家康所构想的社会。"分"是江户时代最重要的概念。身份、本分、份额、地位、身份不符等等，什么都是"分"。

还有，士农工商并不代表江户时代的所有身份。此外，还有与公家和寺社有关的人，以及在士农工商各领域中遭到鄙视和排挤的人。

的《叶隐》等武艺书或士道书中。（"武士道"是明治以后的词汇。）

我把这些看作是对日本文化的"负面影响"。所谓的日本传统文化中有很多这样的例子。

比如"枯山水"等就是"逆向效应"。本来是要感受水的存在，却故意将水抽掉而建造独特的石庭。这样的例子在中国是罕见的。茶道的"侘茶"也如此，因为手头没有奢华的茶具，就用简约的茶碗等来点茶。由此诞生了"草庵之茶"。

这些都是被德川幕府逼出来的。织田信长、丰臣秀吉时代普及的枪支，后来到了德川家康时代也被禁止了。这就是受到海外研究者评价的"放下枪支的日本人"，甚至被称作"近世日本的裁减军备"。制造枪支的工匠因枪支被禁止而失业，许多人改行成了火药工匠或焰火工匠。这就是江户时代流行焰火的背景。

还有，德川家康很早就得到了从高丽传来的木版活字印刷工具，却收藏起来了。因此，江户的社会文化中，流行用木版印刷的小册子和小花纹，还诞生了浮世绘。

至于妓馆区和戏剧，是作为"恶场所"受到严加管制的，却促生了吉原的艺妓文化和歌舞伎文化。"逆向效应"有时会带来意想不到的巨大的文化效应。

综上所述，在绝对主义君主制度和专制君主的国家凭借军事实力和贸易实力从欧洲进入亚洲的过程中，德川统治下的日本建立了非常特殊的政治体制。虽然"锁国"了，却以出岛为枢纽广泛开展进出口业务。

源于"禁止"的江户文化

经过德川家康接二连三的处置，1615年江户幕府将年号改为"元和"，标志着近150年的战国时代的结束，迎来了"元和偃武"时期。元和偃武是历史学用语，指那以后日本禁止一切使用武力的内战。这与锁国之路相重合，产生了各种意外的效果。这期间孕育了流传至今的各种文化。

例如，现在日本保留着"武道""剑道"等，就是因为元和偃武。西军战败以后，庆长年间，许多武士被迫四处流浪。他们为谋到官职而刻苦练剑，剑术却派不上用场了。而且不可以随便挥刀舞剑，因为这是被"武家诸法度"所禁止的。因此，武士们为了磨炼技艺的"型"，不得不将其内化，反而因此陶冶了新的精神，并孕育了新的日本美学。

现在一提起武士道精神，就好像是指日本武家的精神哲学代名词一样。其实，武士道精神是从禁止自由使用刀剑后才产生的。其成果记载于大道寺友山的《武道初心集》、宫本武藏的《五轮书》、柳生但马守宗矩的《兵法家传书》和山本常朝德川统治下的日本建立幕藩体制，为今后的外交通商政策和国内政策奠定了基础。这一非常大胆的战略有什么前提呢？如果是"井底之蛙"的话，根本没有可能出此一招。没有敏锐的国际感觉是不可能想出如此高明的战略的。对此，说法不一。我认为，要想理解这一点，必须观察日本跟中国的关系。

用一句话说，德川统治下的日本实行了"脱离中国"。其原因和目的如何呢？这需要了解当时的中国——明朝的情况。

中国封建王朝"明",逐渐走向崩溃

1368年朱元璋自封为帝(洪武帝),攻陷元朝首都大都,建都金陵(南京),建立了巨大的中国封建王朝——明。

明以前的朝代是元朝。元是由蒙古人元太祖忽必烈及其后人统治了近一百年。到了明朝,政权隔了一百年终于回到汉人手中,实现了"恢复中华"。

明对东亚周边各国的影响是巨大的。明朝建立不久后,李成桂建立了"朝鲜"(李氏朝鲜),试图发展成"小中华",即"小华"。而且将朱子学奉为相当于国教的地位。当时日本正值足利将军的时代,足利义满为了扩大和明朝的贸易,向明王朝献媚,试图得到"日本国王"称号。

明的体制主要体现在明太祖朱元璋(洪武帝)的政策中,以农本主义为基础,相当严酷。政策主要通过加强对农民征税以推行军事化。

中央政府将所有官厅都归为皇帝直属,并设立叫"锦衣卫"的特务机构,对可疑者进行监视。朱元璋在位期间,据说有 10 万人被处死。在后来的中国，对于君主制下的这些事情，大家都视为当然。

朱元璋是第一个实行"一世一元制"①的皇帝。中国的年号以皇帝的名字命名，就始自朱元璋。明治时期的日本引进了同样的"一世一元制"。

明朝实施的政策之一是"海禁"。这也不是锁国，而是禁止民间的海上贸易，由国家将政治性的贸易转换成国家利益，也就是试图"把经济国营化"。但进行得并不顺利。因为很多人擅自做海外贸易。

在明朝第三位皇帝明成祖朱棣（永乐帝）即位以后，虽然官营贸易的形式没有变，但为了扩大贸易，把大舰队派遣到南海和印度洋的周边，进行强制性贸易。这就是有名的郑和下西洋。从科泽科德②到波斯湾的忽里模子③，其分队甚至到达了阿拉伯半岛的伊斯兰圣地麦加。

永乐帝朱棣是朱元璋的第四子，是非常有远见卓识的皇帝。当时在西域方面，游牧民族的帖木儿帝国兴起，其势力迅速扩张，并试图恢复蒙古帝国昔日的荣光。永乐帝把都城迁至北平后，亲自率领大军五次远征蒙古高原。

值得大书特书的是，永乐帝非常重视国家规模的编辑事业。朱子学的集大成之作——《四书大全》、成为科举教科书的《五经大全》、集宋代理学著作与理学家言论大成的《性理

---

① 一个皇帝的任期内只用一个年号的制度。
② 科泽科德位于印度西南海岸科泽科德县，西邻阿拉伯海，在中国明代古籍中被称为"古里"。
③ 忽里模子是西域古国名，今在伊朗东南部。

大全书》、中国历史上最大的百科全书式文献集《永乐大典》等，都是在永乐帝命令之下编著而成的。这些功绩在大数据领域中，创世界先河。

但是，明朝以此为顶峰，之后逐渐衰退。虽然农业和工商业还比较殷实，却不足以带动巨大的国土。1572年，第14代皇帝朱翊钧（万历帝）即位，年仅10岁，之后明朝迅速走向衰落。人们常说"明灭始于万历"。

在日本看来，万历年间的明朝共48年（1573—1620年），仿佛巨象倒下的慢镜头一样，日渐衰落。丰臣秀吉怀着企图称霸大陆的野心入侵朝鲜，就是这一时期。"明灭始于万历"的万历年间正好是日本向德川幕府过渡的时期。

对德川统治下的日本而言，因明朝没落，就不再从宏观政策上重视中国了，而只效仿其局部的可取之处。这时，日本终于开始认真考虑"脱离中国"了。

日本的双重标准
——和魂汉才

回想起来，日本自古以来一直是将"中国样式"作为一轴，同时建立另一个"日本样式"。

日本把在中国成为标准的佛教这一体系拿来，一面将其定位为"镇护佛教"作为国家的轴心；另一方面，修建了许多寺院和神社混在一起的"神宫寺"，还进行了日本式的编辑。

关于日本天皇的称号是从8世纪起，全部（可追溯到神武天皇）加上了中式谥号和日式谥名。例如，ミマキイリヒコ的中式谥号为崇神天皇、ホムタワケノミコト的中式谥号为应神天皇。オオササギノミコト为仁德天皇、オオハツセワカタケノミコト为雄略天皇、アマノヌナハラオキノマヒト为天武天皇。天皇一定既有日本名字又有中国名字。

以后，这一传统一直被继承下来。白河天皇＝贞仁、后醍醐天皇＝尊治、后水尾天皇＝政仁、明治天皇＝睦仁、昭和天皇＝裕仁。虽然字义的感觉发生了变化，却一直得以继承。

这种和汉（日式加中式）双标准的应用是从天智天皇和天武天皇这一对兄弟天皇统治的时代正式启动的。天智是"中式帝王"、天武是"日式天皇"。日本自古代国家初期就在"和"与"汉"之间权衡取舍，在关注"汉"的同时，建立了各种各样的"和"。这就是和汉并用。

例如，举行正式的政治仪式的大极殿是瓦顶朱漆中国式建筑；清凉殿等休闲式生活空间则是用丝柏树皮葺顶的白木高床式建筑（"床"意为"地面"）。这两种风格不同的建筑建在同一个内廷里。藤原公任编辑的《和汉朗咏集》是一部富有情趣的宫廷流行歌曲集，把内容相似的汉诗与和歌相对照，进行了分门别类的编辑。纪贯之在其编辑的《古今和歌集》序文中，把真名序与假名序并列在一起。真名指汉字。用汉字汉文的真名序讲述中国式的歌谣论；用假名序通过日式的语言来表达和歌的思想感情。

日本就是如此擅长两立和并用的国家。

我认为，这一架构与其说是双标准，不如说是自觉的"双重标准"。双重标准指的是"能双方向互动的双标准"。从"汉"到"和"，从"和"至"汉"。在这两种文化之间，样式（モード）和内容（コード）交织互动，来来往往。

也就是说，日本一直擅长相互记谱式编辑。以前，这叫作"和魂汉才"，意为日本精神与中国学识相结合。

和魂汉才的相互记谱式编辑得以最广泛推广的，应该说是"神佛习合"。日本将"从中国传来的佛教"与"从大和传承下来的神祇"巧妙地融合在一起。

自8世纪后半叶，日本开始修建神宫寺、施行神前读经、建造僧形八幡神等。延历寺与日吉神社、金刚峰寺与丹生明神社、东寺与伏见稻荷大社都逐渐携手，各路神归依佛道的天启、护法善神的活跃举国瞩目。特别是到了中世，神道各派势力大增后，开始流行"本地垂迹说"，指的是日本神道的八百万神其实是各种佛和菩萨的化身，出现在日本各地。

本地垂迹的"本地"指本来的形象，"垂迹"指佛和菩萨现身成各种形象以济度众生。这被解释成是印度的佛化身成日本的神的模样。与其相反的"神本佛迹说"也出现了。这是日本的神化身成佛的模样。这样的解释可能有些武断，却反映了神佛的双重关系。

本地垂迹说的流行是从"汉与和"的关系发展成"印与和"的关系这一相互记谱的例子。

就这样，日本人以汉字为基础创造出平假名和片假名，引进中国的律令制度，将瓦房顶和丝柏树皮屋顶并存，等等。日本人常常认为"中国"有一种形式庄严的力量；而把日本看成是一种休闲舒适的样式。

这样的价值观是如何形成的呢？那是因为日本自认逊色于中国的"华夷秩序"。在某种意义上说，是畏惧。

这里才是世界的中心,"中华思想"
——华夷秩序

如果想知道华夷秩序是什么,就需要先了解中日间"历史认识问题"之冰山一角。

华夷秩序是中国将以皇帝天子为顶点的威严波及周边国家、并以中国为中心的国际秩序体系。

中国自古以来就以世界的中心自居,自称"中华"。而周边各国是这一中华秩序所涉及的夷狄诸国。周围有东夷、北狄、西戎、南蛮,而自己位于中央。这就是所谓的"中华思想"。中国以地域广袤、至高无上的中华大国而骄傲。

承认这一华夷秩序的周边国家,会得到中国皇帝的威德和恩惠,每年向皇帝朝贡。皇帝册封前来朝贡的周边国家。"册封"是"册命封爵"的意思,"册"意为文书。*通过授受称号、任命书、印章等"册",天子与周边各国各民族的首领结成名义上的君臣关系,这就是册封。*彼此和平地建立这种君臣关系，中国是宗主国，周边国家是册封国，这在历史学上叫"册封体制"。

与中国建立册封关系后，册封国作为"臣"定期地向"君"敬献方物（即各地名贵物产），遵奉正朔。正朔是使用宗主国的年号和历法。

这是册封的一般规则，与其说让册封国遵循所有规矩，不如说周边国家显示出抱有对中国的敬意、尽服从之礼的姿态更为重要。只要尽到礼，册封国就不会受到中国的军事威胁，而且如果倚仗中国的势力，就会更加容易地获得贸易上的利益。

册封国要追溯到汉代时的南越国（现在的越南）和卫氏朝鲜。朝鲜在后来的高句丽、新罗、百济这三国、以及高丽都选择了进入中国册封体制之中。以后的琉球王国也受到了明的册封。

不建立册封关系，向中国表示敬意，在一定程度上顺利地进行贸易，叫"互市关系"。最近，安倍政府向中国建议双方建立"战略互惠关系"，但中国方面则要求日方首先表示敬意。

古代日本如何呢？首先，卑弥呼向魏派遣使者，得到了"亲魏倭王"的称号。据《日本书纪》记载，倭的五王中，履中天皇得到"赞"号、反正天皇得到"珍"号、允恭天皇得到"济"号、安康天皇得到"兴"号、雄略天皇得到"武"号，看似建立了册封关系。然而，圣德太子向隋炀帝自称为"日出之处的天子"，委婉地拒绝了进入中国的册封体制之中。

即便如此，日本还是长期派出遣唐使表示敬意。还有虽然平安朝采纳了菅原道真的献策，停止派遣唐使，却跟桓武天皇和嵯峨天皇等一样引进了许多中国式政治制度，还将小野道风时代的"书法"带到中国并报告说，在日本根据草书汉字创造了假名文字等。

虽然日本没有准备册封体制下的日本史脚本，却总是对中国心怀畏惧。

在此期间，德川幕府几乎完成了全国统治，而明朝渐渐衰落。这既是一个大冲击，同时也迎来了意想不到的机会。

给明朝致命一击的是努尔哈赤率领的女真族。努尔哈赤运用八旗制这一独特战法，试图瓦解明朝政权。

就在丰臣秀吉刚刚向朝鲜出兵后，明朝出动20万大军也没能击退努尔哈赤。1616年德川家康得病之际，努尔哈赤建立了"后金"。战况传到了德川家康的幕阁（幕府的最高层）的耳朵里。

后来，努尔哈赤的后继者皇太极将国号定为"清"。李自成的数十万大军攻入北京，明朝最后的皇帝崇祯帝被迫自杀。结果，维系了277年的明朝于1644年灭亡了。这一系列动向标志着中国把汉族人的"中华帝国"宝座拱手让给了非汉族政权。

皇太极的弟弟多尔衮在李自成之后攻入北京城，为了让百姓承认自己当了新皇帝，强制汉人留辫子。让汉人接受"已经是女真社会了"这一事实。这和今天塔利班让所有男人留胡子如出一辙。

接下来，我就讲讲德川统治下的日本。

德川幕府是德川家族掌控的安定政权，试图建立幕藩体制。借用欧洲的说法，就是企图建立德川王朝。德川家康在就任将军两年后，让德川秀忠继承将军，是为了维系德川家族统治的武家王朝。

但是，在日本有天皇。德川家族怎么才能一边拥戴天皇，一边稳坐将军宝座呢？

德川家族与天皇家族联姻，或者把德川家族的人才派入朝廷等脚本如何呢？藤原不比等把女儿光明子嫁给圣武天皇，藤原北家族的冬继、良房、基经这三代建立的摄关政治[①]就基于这样的策略。这些都是贵族政治，公家（朝臣）政治。然而武家因来历不同而难以效仿。朝廷根本不会允许。

让中国皇帝承认日本天皇，由天皇一直任命德川家族为将军的脚本又如何呢？那样的话，德川家族的地位确实会享誉东亚。但为此，日本的朝廷和幕府必须重新与中国建立册封关系，必须向中国皇帝示以朝贡之仪，至少在形式上做出服从华夷秩序的属国姿态。然而，这样做既不情愿，又因明朝灭亡而没有必要了。

明朝灭亡意味着具有中华秩序正统性的皇帝不再君临东亚了。最好是利用这一点。对此，德川家康深思熟虑。

[①] 日本平安时代（794—1192）中期，藤原氏以外戚地位实行寡头贵族统治的政治体制。类似于中国的外戚干政。

德川幕府摆脱中国的脚本
——日本学的诞生

德川家康命令藤原惺窝和林罗山等人,引进中国式的国家制度及其意识形态中可用的部分。因为江户时代是身份社会,所以,儒学和儒教很合适。

中国儒学早在宋代就经历了一次大篇幅编辑,被改编成新的一套,即"朱子学"。

朱子学是儒学,阐述君主及其臣民如何治国、为此需要学习什么、如何遵守生活伦理等等。因宋代的程明道、程伊川兄弟和朱子(朱熹)编辑改写了孔孟时代的儒学,所以,又称为"新儒学"或"宋学"。

新儒学制定了"四书五经",为追求利国利民的学子们整理了基本学问。《大学》《中庸》《论语》《孟子》是"四书",《易经》《书经》《诗经》《礼记》《春秋》是"五经"。即"四书五经"。到了明朝,"四书五经"被体系化成了《四书大全》《五经大全》《性理大全》。加上百科全书《永乐大全》、李时珍编著的网罗了动植物的《本草纲目》、宋应星编著的产业技术体系《天工开物》、徐光启等人编著的《农政全书》等实学参照体系，形成了立体交叉的综合学术构架。

要想当官员或技术员，就要彻底掌握这些知识，并通过"科举"（国家考试）。

这是极为重要的知识体系。德川幕阁们将其原封不动地引进日本，并就此筹划"脱离中国"的脚本。

天海、金地院崇传等德川家康的智囊建议："已经不必介意中国了。大御所（隐退的将军）当神君不就行了吗？"这就是著名的、在日光东照宫祭祀、把德川家康供奉为"神君"的脚本。但是，堂堂正正地实行还为时尚早。万一在中国突然发生什么政变或军事变化，华夷秩序复活了怎么办？

车到山前必有路。事态向着对德川家族有利的方向发展。明朝好像没有复活的可能。于是，幕府决定把中国的从哲学到实学全部拿来，进行国产化。一方面，面向全社会制定了基于"日本"的正统性的纪律和规定；另一方面，推广"国产的实学"。在德川吉宗的统治期间，促进各地物产振兴的政策迎来了顶峰时期。

就这样，在全国各地展开了建立日本自己的儒学而不是中国式的朱子学，以及建立日本自己的实学的运动。这孕育了江户时代大放异彩的"日本儒学"和"国学"。

两者最初都强烈地意识到中国，但是，渐渐形成了不依赖中国的思想。可以称作"脱离中国的日本学"。这与英格兰国教会中心主义有类似之处。

日本儒学首先是由伊藤仁斋、荻生徂徕，然后是由中江藤树、熊泽蕃山、山崎闇斋、山鹿素行等人确立的。而国学是由契冲、贺茂真渊、本居宣长等人确立的。这些在本书中姑且割爱。

在这里，我要介绍一下我最喜欢的中国人。他们是跨日中之间的一对父子和一位老人。希望各位读者通过这段故事，了解到鲜为人知的江户初期的日中关系。

日本与东亚的相互记谱
——郑芝龙、郑成功、朱舜水

首先，我介绍的郑芝龙、郑成功父子是悲剧英雄。

郑芝龙是大贸易商，无法接受明朝灭亡，请求隆武帝（明唐王朱聿键）予以庇护，并以此为契机，决心反清。他大胆地通过贸易，资助明朝宗室。但他的反清行动遭受挫折，最后被杀害。

作为海商，郑芝龙常常来往于东亚各国，也多次来到日本。他到平户的时候，与田川七左卫门的女儿之间有了一个儿子，就是郑成功。1661年父亲郑芝龙被害，儿子郑成功逃到海上，继续抵抗清朝。同年，郑成功率军攻入台湾，夺取荷兰东印度公司修建的安平古堡，并以此为据点抗击荷击侵略。1662年，郑成功在战斗中壮烈牺牲，享年39岁。1646年（正保三年）他曾向日本请求援助，幕府却拒绝派兵。

近松门左卫门①在其最有名的作品《国性爷合战》（原作

---

① 1653—1725年。日本江户时代净琉璃和歌舞伎剧作家。

者改"姓"为"性")中,把郑氏父子波澜壮阔的人生描写得淋漓尽致。国性爷就是郑成功。剧中人物的名字叫"和唐内"。郑成功是和汉的混血儿,所以,和唐内是很贴切的名字。这部戏非常有戏剧性,而且颇具异国情调,很值得一看。

通过这一剧目,可以了解到日本和亚洲之间关系的含义,以及近松门左卫门的日本论。我是小时候在京都南座跟父亲一起看这部戏的,至今仍历历在目。给我印象最深的是,中村歌右卫门在第三幕的"流红"场面。

近松门左卫门是一个天才,他创立了人形净瑠璃(木偶净琉璃戏)这一日本传统剧种,也就是今天的文乐。我认为文乐是世界上最杰出的艺术形式之一。人形净瑠璃用大阪方言创作戏曲,用义太夫节[①]讲述,让木偶做出各种动作,有声有色地弹奏三味线,揭示并表达日本人内心深处的"义理"与"人情",为后来的歌舞伎、狂言的演出策划提供了原型等等,在日本是一种很受欢迎的艺术形式。

近松门左卫门的才能是杰出的。不仅如此,他还最早解读了日本与东亚的关系,其编剧因发挥了极高的相互记谱式编辑型思维方式而极为出色。我认为更加详细地了解并诠释近松门左卫门,对今后发展运用日本式编辑手法而言,也是相当重要的。这一定是与通过彻底了解莎士比亚而得以提高的欧美式编辑手法相媲美的。

还有一个需要关注的人物,与郑芝龙和郑成功父子的故事

[①] 日本江户时代前期,由大阪的竹本义太夫创立的净瑠璃。

密切相关。他也是我所喜欢的人物。

为了复兴被清朝推翻的明朝宗室，最早起来抗清的是明朝遗臣吴三桂。和吴三桂以及郑氏父子一同征战的人物之一，就是朱舜水。

朱舜水在明朝宫廷中被称为"最文武全才""开国来第一"的英才。他对女真社会逐渐蔓延的中国国土没有任何迷恋，而一边建立中国、安南（今越南）、日本的国际人脉，一边思考如何转移以前的中华精神中的正统性。即思考"国家的海外经营"。

朱舜水告诉日本人，什么是"历史的正统性"，以及应该如何看历史。他启发说，在日本的天皇历史中，只有南朝[①]才具有正统性。

朱舜水被称为"日本乞师"。意思是日本通过乞求才聘请来的老师。"乞求者"，最初是长崎的叫安东守约的人物。朱舜水60岁来日本时，安东守约曾经负责接待，而且从心底崇拜朱舜水。安东守约是佐贺藩的人。我去柳川的时候，看过有关他的史料。他是不亚于朱舜水的出类拔萃的人物。柳川是北原白秋[②]的故乡。

在长崎有一个叫朱舜水的杰出人物。这个消息马上传到了江户。闻声行动的是德川光圀，即水户黄门。他是致力于日本改革的水户大名[③]。

---

① 1336—1392年，日本南北朝时代以大和国吉野为建立的朝廷。相对于京都的北朝。亦称吉野朝。

② 1885—1942年，日本童谣作家，诗人。

③ 水户藩位于常陆国，今茨城县中部及北部，藩厅是水户城。藩主是水户德川家，俸禄35万石。

1644年（宽文四年）德川光圀派家臣小宅生顺前往长崎，请求朱舜水"为我们指明前进的方向"。那年，在英国正好克伦威尔下台。已经65岁的朱舜水再三推辞，却经不住热情邀请，终于来到了江户。一见面，德川光圀就感到朱舜水真是名不虚传。要想学习日本的历史正统性，只有拜此人为师。那时，德川光圀40岁。

　　为什么当时一些日本人如此倾倒朱舜水的思想呢？是因为在那以前幕府命令藤原惺窝、林罗山等人编写的《本朝通鉴》《日本王代一览》等日本史都如实地继承了朱子学，却并不适合日本的实情和历史。同时，也没有吸收朱子学以前的儒学本来的精神以为日本所用。因此，中江藤树、熊泽蕃山、伊藤仁斋、荻生徂徕、新井白石、山崎闇斋等人认为，必须重新确立日本史的基本思想。

　　加上德川幕府认为已经到了"脱离中国"的时候，虽说方向不够十分明确，却已经启动了。但是，到那时为止，日本人没有认真地书写历史。尤其是，几乎没有将"世界"和"日本"联系在一起的历史。作为将军家族的叔父，德川光圀认为这是不行的。

　　于是，朱舜水就为德川光圀计划的《大日本史》提出了编辑方针的基本思想。水户的"彰考馆"就是在这一背景下建成的。在这里，孕育了后来动摇末期幕府的"水户意识形态"。而这一思想的创始人正是叫朱舜水的"日本乞师"。

　　拜访小石川的日本庭园"后乐园"时，一进门，正面就是朱舜水的肖像。我非常喜欢这幅肖像画。后乐园是朱舜水从《岳阳楼记》的"先天下之忧而忧，后天下之乐而乐"取字命名的。后乐园不仅是棒球圣地或拳击圣地，其最为深远的意义是，请朱舜水为日本的正统性提供新指针的象征。

那以后，德川光圀的夙愿《大日本史》一直在彰考馆进行编写，1906年（明治三十九年）终于完成，共402卷。这几乎是与大日本帝国的建立同步进行的。

开国与强制通商
——世界史中的德川时代

接下来,我粗略地介绍一下,德川统治下的日本是如何在被欧洲称为"东印度"的东亚社会中启动的,又是如何建立起各种体制的。

在上文中,我已经特别提到有几位重要的外国人为此做出了贡献。三浦按针、唐·罗德里戈、郑成功、朱舜水等人。这样的历史在教科书中,或一般的书中几乎没有记载。我认为如果不充分了解到这样的历史,就不可能理解日本的历史观。

众所周知,是佩里的黑船来航从根本上动摇了德川统治下的日本。那么,需要思考的是,到底为什么日本就这样被迫"开国"了呢?

所谓"被迫开国",即被迫开港,被迫通商。

那么,通商是什么呢?难道就是被要求遵循当时的贸易方式吗?当然不是。而是列强破坏了封建制,发出通牒说:"你们也要跟我们一样成为遵守全球游戏规则的国家。"

当然，对这样的要求是可以拒绝的。这才应该是日本式的"锁国体制"。幕府把它叫作"祖法"。江户时代就是靠着这个祖法而繁荣的。幕阁们应该确信这一点。但是，世界史没有将这样的日本弃之不顾。如果看看可以称作"德川时代的世界史"的部分，就会知道原因了。

将德川时代以100年为单位，可大致划分如下：

1600年（庆长五年）发生了关原之战，正值英国的伊丽莎白女王时代，中国的明朝开始衰落。

1700年（元禄十三年）是伊藤仁斋、近松门左卫门、松尾芭蕉、井原西鹤的时代。在世界史上，发生了西班牙继承战争、奥地利继承战争。欧洲王室一片混乱，各国争夺霸权。欧洲大陆非常繁忙。除了已经殖民地化的地区以外，还没有精力把目光投向亚洲。

1800年（宽政十二年），其4年后日本的年号改为"文化"，走向文化文政的极盛时期（1804—1831年）。田沼意次担任侧用人[①]的田沼时代，国内一片繁荣，国民生产总值大增。平贺源内、铃木春信、圆山应举等活跃在画坛。本居宣长、上田秋成等人挑战最顶级的学术研究或表现方式。社会上盛行川柳和狂歌。"粹（优雅）""通（精通）""野暮（庸俗）"等概念成为流行词。为了防止贫富差距加大，松平定信通过宽政改革实行紧缩型结构改革，诸藩也同时启动了藩政改革，其中有著名的上杉鹰山实行的米泽藩改革。

---

① 江户幕府的职位。地位在将军和老中之间。

欧洲在1800年也迎来了巨大变化。在那以前，法国发生了法国大革命，美国独立，英国开始了产业革命。不仅如此，1800年拿破仑越过阿尔卑斯山，试图统一欧洲。

关于拿破仑登上历史舞台的意义，我留在东方卷第5讲阐述。由此，在欧洲接二连三地诞生了"国民国家"。也就是说，"列强"诞生了。

基于如此千变万化的时代背景，日本在江户时代被迫"开国""通商"。从那时起，日本和欧美列强瞄准了整个亚洲。这就是"德川时代的世界史"之命运。

列强企图获得的已经不是过去大航海时代的殖民地，而是基于新野心的"近代殖民地"。列强中加入了美国，并准备了强制性的地缘政治学脚本，任何亚洲国家都难逃这样的魔爪。

在这样的背景下，佩里和哈里斯等人的黑船来航了。刚刚说过，这并不是日本被瞄准了。在德川统治下的日本被迫"开国"之前，已经有印度的加尔各答等落在英国手中，而后是东南亚的马六甲和菲律宾等，最后则轮到了中国。英国对中国发动了"鸦片战争"。英国用最擅长的三角贸易，把楔子钉入了亚洲的正中心。

佩里来航是鸦片战争的续篇。

"英美纠纷"拉开了近现代史的序幕

一般说，欧洲的近现代史"是建立在法国大革命、美国独立、英国产业革命的基础之上"。大概是这样的。但是，需要分开来看。

而且，这种说法不但漏掉了最重大的事件，还漏掉了第二重大的事件。尤其是，最不可疏忽的重大事件是"拿破仑"。即使按照时间顺序简单罗列，也必须是"法国大革命、美国独立、拿破仑帝政、各国的产业革命"。而且，产业革命是不能一概而论的。至少要分成动力革命、交通革命、产业革命这三个阶段来看。

其中，美国独立是摆脱英国的独立。但是，前提条件是由法国大革命的雅各宾派恐怖政治等造成的"法国的后退"。因此，必须认识到拿破仑出现的意义在于"法国的复活"。

法国大革命爆发前的情况并不是像大家所说的那样，由启蒙思想打破了旧制度（Ancien Régime）。早在路易王朝，法国就已经岌岌可危了。这一象征就是机械。

这出现于 1751 年德尼·狄德罗和让·勒朗·达朗贝尔编著出版的《百科全书》中。在这套百科全书中最早记载了"机械"这一项目。在那以前，已经有阿布拉罕·达比（Abraham Darby）发明了焦炭制铁法，汤玛斯·纽科门（Thomas Newcomen）发明了蒸汽动力机引擎。这些凭借百科全书这一媒体而迅速推广。机械化迎来新时代，启蒙思想就是在这一前提下发展的。

还有，外交的失败也是重要原因之一。不可忽视的是，1755 年发生了英法北美战争（French and Indian War），在两年后的普拉西战役中，英国东印度公司的军队打败了法国的孟加拉军，印度的加尔各答落在英国手中。

接着，英国和法国之间爆发了"七年战争"，结果，1763 年交战双方签订了《巴黎和约》。因此，法国失去了几乎所有的美国殖民地（除路易斯安那的一部分外）。把这些背景串在一起的话，路易十六的法国走向衰落的原因就历历在目了。

那以后，英国把砂糖法（Sugar Act）和印纸法（Stamp Act）强加给北美殖民地，对砂糖征收关税，把印纸贴在迅速增加的印刷品上，企图大赚特赚，从殖民地搜刮更多财富。

教科书上常把这写成是"重商主义政策停滞不前"等等。可是，换一个角度说，这是"英美纠纷"的开端。应该看到，正因为英美之间的关系紧张而且法国失去了在北美的殖民地，所以在路易王朝奄奄一息的法国才开始形成启蒙思想。

在法国，1762 年卢梭发表了《社会契约论》和《爱弥儿》。同一时期，保尔·霍尔巴赫的沙龙里聚满了启蒙主义者。在那里，德尼·狄德罗、让·勒朗·达朗贝尔、安内·罗贝尔·雅克·杜尔哥、卢梭、伏尔泰等人常常见面，而介绍人则是英国经济学家亚当·斯密和哲学家大卫·休谟。这些是容易被忽视的部分。

实际上，是英国议会介绍孟德斯鸠著作《法的精神》中的三权分立概念的。当时，英国和法国都试图摆脱君权国家的桎梏，知识分子和技术员们开始了具有创新性的交流和发明。

因此，后来在英国，詹姆斯·哈格里夫斯发明珍妮纺纱机，理查·阿克莱特发明水力纺织机，1769年瓦特改良蒸汽动力机引擎。这些都不是英国举国研发的，而是个人凭借技术开发能力而取得的成果。英国将其称作"动力革命"。

也就是说，英国在这一时期还没能开始产业革命，仍然面临着许多障碍。正因如此，英国降低国内的红茶消费税，命令北美殖民地缴纳红茶的关税。英国对北美13个殖民地，允许东印度公司不缴纳通常的关税而销售红茶，并为救济濒临破产的东印度公司，允许其垄断红茶出口。这激怒了美国人，引发了"波士顿倾茶事件"，结果，美国于1776年发表了独立宣言。

还有一个非常引人深思的暗示。就在美国发表独立宣言的这一年，亚当·斯密在英国出版了《国富论》，提出了"自由放任"的市场论。亚当·斯密主张，在价格机制的充分作用下，自由市场中的供给和需求将会自然而然达到平衡，并把它称作"看不见的手"（an invisible hand）。

正是在美国独立的1776年，托马斯·潘恩撰写的《常识》（Common Sense）广为流传，极大地鼓舞了北美民众的独立情绪；而亚当·斯密则在《国富论》中提出了"自由放任市场的主张"。这是非常具有象征意义的暗示。因为就在美国摆脱英国开始走向独立的同时，失去美国的英国则着手建立作为世界市场旗手的理论构架。

在这一时期，在欧洲的其他国家发生了什么变化呢？在德国，腓特烈二世的"普鲁士绝对主义"蔓延。在俄国，叶卡捷琳娜二世的"帝政俄国绝对主义"蔓延。俄国南下，与奥斯曼帝国交战。在奥地利，约瑟夫二世宣布宗教宽容令并废除农奴制，以积蓄新的实力。腓特烈二世的柏林、叶卡捷琳娜二世的圣彼得堡、约瑟夫二世的维也纳，跟伊斯坦布尔、巴格达、江户一样，成为当时世界上最富有戏剧性的城市。

因此，欧洲在法国大革命和美国独立之后，由于拿破仑的出现而发生了巨变。欧洲被拿破仑卷入一场又一场的战争，以后则一齐成为"列强"。

作为国民国家开始觉醒的列强中，英国向中国发动鸦片战争；而摆脱英国、独立后羽翼渐丰的美国，则把黑船派入"德川时代的世界史"中。这是亚洲的宿命，也是日本的宿命。

第5讲

拿破仑、鸦片战争、国民国家

拿破仑帝国的影响力
——拿破仑缔造国家（一）

我对拿破仑产生兴趣是因为邂逅了《埃及志》这本巨著。这是拿破仑在远征埃及时每天做的记录集，其版本之一在奈良的天理图书馆有收藏，40年前我看到这本书时，曾经为世界上竟然有如此非凡的书籍而惊诧不已。这真是庞大的记录。

在那以前，我从来没见过如此巨大的书，各种古代埃及的文物都被制作成精致细腻的石版画。那以前的欧洲，以木版画和铜版画为主。1798年慕尼黑的施内费尔德（Aloys Senefelder，1771—1834年）发明石印术（即石版凸版印刷技法）后，拿破仑立即将其投入使用，下令编纂制作了巨著《埃及志》。

到底是什么人从事了这项工作，不得而知。《埃及志》网罗了埃及的悠久历史并进行了视觉直观化。

拿破仑登上历史舞台是因为法国大革命后的社会大动乱。

从1789年5月5日召集三部会开始算起，到1793年1月21日路易十六被送上断头台为止，法国大革命的波澜壮阔其实仅有三年多。

速度快得惊人。然而，法国大革命刚刚结束后，雅各宾派跃居首位，制订雅各宾派宪法，甚至发展成罗伯斯庇尔被逮捕的"热月政变"。这一系列恐怖过程展开得极为迅速，被称为"恐怖政治时代"。

然而，几乎把所有这些都推翻掉的更为戏剧性的事件，就是1799年拿破仑的出现和"雾月政变"。

总之，从召集三部会到拿破仑出现，这期间仅为10年。日本的幕末维新也以异常的速度迎来一个接着一个的转变。但是，讴歌"自由、平等、博爱"的法国大革命，一股脑儿地融入拿破仑帝政的社会中去，则更是骇人听闻的转折。

到底拿破仑为世界带来了什么呢？拿破仑个人的影响姑且不论，需要思考的是，19世纪初在欧洲建立起来的"拿破仑帝国"究竟意味着什么？我做一下简单的整理。拿破仑所做的事情，以及对此各国所做出的不同反应，都为"近代"和"国民国家"的形成带来最为重大的影响。

为方便起见，我把这一时期分成三个阶段。

第一阶段是从1799年到1804年。这一期间，拿破仑一气呵成地改革了法国国内制度。法国大革命以来，法国财政处于完全崩溃的状态，社会秩序相当混乱，道路等几乎完全被毁。为此，拿破仑创立中央银行，稳定货币；修建道路等基础设施；建立初等教育制度。同时，颁布全民皆兵（即征兵制）法令。

这些政策都成为后来近代国家的模式。特别是征兵制，为那以后的各国带来极大影响（几乎所有的近代国家都承袭了这一制度）。当时，征兵制至少是为了平息法国国内的混乱。拿破仑在此期间，掌握了关于司法、行政的任命大权，并亲自担任陆海军总司令。也就是说，他成功地建立了完整的中央集权制。

接下来，拿破仑颁布了《拿破仑法典》。这部典在编纂过程中广泛吸收了各种法律的思想和内容，文字简明，逻辑严谨，体系完整，以后成为各国的范本。这部法典最早承认了"法治下的私有财产权"。司汤达曾经在给巴尔扎克的信中写道："为了调整文章的风格，我每天早上都读一小段民法典。"他所说的《民法典》，加上《民事诉讼法典》《商法典》《刑事诉讼法典》《刑法典》共5部合称为拿破仑法典。

最早运用统计学的也是拿破仑。拿破仑对著名数学家皮埃尔·西蒙·拉普拉斯的确率统计感兴趣，决定将"作为现象的国家和人民"，用统计制定平均值和标准值，并以此为标准，掌控征税和征兵。于是，"统计官僚"大批涌现。那一定跟今天的"政府部门"进行统计处理没有什么两样。

这一时期，拿破仑还有一个功绩是，和罗马教皇庇护七世签订了政教协约（concordat），在法国恢复了天主教。而且国家给僧侣提供俸禄。但是，不归还在革命时代没收的教会领地，以此安抚对未来没有信心的小土地所有者们。通过实行宗教政策和土地政策，拿破仑赢得了小土地所有者们的支持。这些小土地所有者在欧洲近现代史中被称为"市民"。

请不要被这一时期的市民一词所蒙骗。这里所说的市民是指虽然反对旧制度但如果自己的土地或生活不稳定就会感到恐慌的人。不是资产阶级，而是小资产阶级。拿破仑对他们采取了怀柔政策。正因如此，公民投票后，拿破仑成功地宣告就任世袭皇帝。

解放与自由伴随战争而来
——拿破仑缔造国家（二）

第二阶段是，拿破仑与各国投机思想之间的激烈斗争。从此，真正的"近代"开始了。

1805年拿破仑军队在奥斯特里茨战役中战胜了奥地利和俄国。奥地利哈布斯堡王朝的领土被分割得支离破碎。1806年拿破仑军队又在耶拿战役中打败了普鲁士，推翻了延续844年的神圣罗马帝国。

在这一系列战争中，拿破仑军队表现得极为迅速果敢，成为后来的战争战略的范例。当时在普鲁士让拿破仑军队耻辱败北的一名战士叫卡尔·冯·克劳塞维茨（Carl von clausewitz, 1780—1831年），他后来写了《战争论》一书。这本著作虽然没有洞察到地缘政治的层面，却成为后来关于军事理论的范本。

总之，拿破仑迅速控制了欧洲的大陆中心部分。不仅如此，他还大刀阔斧地在各地废除农奴制、削减教会权力、取消以往的法律等。因此,拿破仑貌似"解放大陆的英雄"。仿佛自由是由拿破仑军队带来的。贝多芬创作的第三号交响曲《英雄》,就表达了这样的思想。

那时的拿破仑还无暇顾及对岸的英国和伊比利亚半岛的西班牙。当拿破仑与西班牙交战并为其君主制画上休止符的时候,当拿破仑拉拢西班牙向英国挑战的时候,英国舰队都进行了激烈的反击。特拉法加海战,即在英国历史上霍雷肖·纳尔逊海军中将被奉为英雄的海战,让拿破仑第一次蒙受了战败的耻辱。

本来拿破仑就跟其他的法国人一样讨厌英国,而且从小就极其厌恶。据各种版本的传说,出生于科西嘉岛的少年拿破仑总是在看地图,而地图上英国的部分总是被画得乱七八糟,就好像在诅咒一样。

但是,英国善战。因此,拿破仑最初试图通过经济封锁孤立英国,颁布了一系列"大陆封锁令"①,企图趁着英国走向衰落,使用武力对付英国。

这一措施不是法国的单独行动,拿破仑"解放"的欧洲各国也一齐响应。这是拿破仑唆使的。不像当今对朝鲜进行经济制裁这一难题,世界各国因朝鲜巧妙地运用策略而乱了阵脚。而当时各国是步调一致的。

欧洲大陆各国约定不进口英国在殖民地生产的砂糖、烟草、咖啡、巧克力、香料等。禁止英国船只入港。禁止和英

---

① 即1806—1814年间为反对英国而采取的重要经济政治措施。

国来往信件。甚至抵制英国货。如果长期下去的话，英国会变得非常艰难。

果然，英国承受不下去了，用其最擅长的"三角贸易"模式，希望在拿破仑战争表明中立国立场的美国做贸易中介，却遭到美国的拒绝。由此引发了美英战争，又被称为第二次独立战争。

因此，拿破仑对英国的经济制裁似乎奏效了。但实际上，虽然英国贸易额的GDP占比从33%下降到了11%（对此做了研究的是经济学家大卫·李嘉图），而英军粮道并没有被断绝。英国的损失并不大。

此外，拿破仑的"大陆封锁令"有法国保护主义（对本国有利的贸易政策）的一面。结果，法国因禁止进口棉花等原料而面临原料不足，等于自己勒自己的脖子。

就这样，虽然"大陆封锁令"效果有限，却给近代世界的诞生带来巨大的影响。那就是，因为不从英国进口便利的物资，所以各国必须自己筹备物资，或者在本国发展生产。比如意大利的棉花纺织得到了飞跃性的发展。不仅如此，各国由此开始认识到本国产品的重要性。

也就是说，拿破仑的"大陆封锁令"成为引发欧洲各国作为国民国家而走向自立的诱因。

"维也纳体系"带来的五个变化
——拿破仑缔造国家（三）

　　第三阶段是，拿破仑因1812年远征莫斯科而疲惫不堪，又在随后的滑铁卢战役中遭到惨败（所谓百日天下）。欧洲从此进入了"维也纳体系"。

　　历史是各种出乎意料的原因和结果交错而成的，是同质性和异质性互相纠缠、彼此牵扯。拿破仑带来的不仅是法国大革命的"自由、平等、博爱"，还有推动各国走向自立的民族主义力量。历史学上把这一巨大的热情风暴之后的阶段，称为"维也纳体系"。

　　1814年拿破仑战败并宣布退位后，英、俄、奥、普、葡、法、瑞典七国召开维也纳会议。最终在奥地利政治家梅特涅的主持下签订了《维也纳会议最后议定书》，目的在于建立战后体制。会议被戏称为"虽十分活跃却没有进展"，并没有什么特别的成果。会议重点在于斟酌如何在各国的正统性的基础上实现势力均衡。

即便如此，维也纳体系所带来的影响是具有决定性的。对此有几种看法，大致可以归纳如下：

（1）拿破仑为绝对主义君主制度和殖民地政策的历史，画上了具有决定意义的句号。这一句号引发了在各国各地区要求建立"民族统一国家"的激情。1820年在意大利发生烧炭党人朱塞佩·马志尼和朱塞佩·加里波第率领的暴动。同一年，在塞尔维亚和希腊发生了反抗奥斯曼帝国的暴动，在拉美接连发生西蒙·玻利瓦尔领导的暴动等，反抗西班牙和葡萄牙的殖民地体制（玻利瓦尔的名字后来称为玻利维亚）。还有，俄国的十二月党人起义、比利时的独立等都可以称为拿破仑效果。

（2）拿破仑战争促进了欧洲"资本主义萌芽"的发展。有学者甚至把拿破仑说成是"资本主义策划人"。至于资本主义是如何席卷世界的，我放在后面来讲。至少可以说在"生产"和"劳动"方面，拿破仑战争唤起了各国的觉醒。

（3）在这一系列的过程中，美国坐享渔翁之利，巩固了自己的地位。1823年美国第五任总统门罗发表了所谓"门罗宣言"，全面实施摆脱欧洲大陆的自立政策。从此，美国不断获得利益。而后，在杰克逊总统的"昭昭天命"[1]之名义下，凭借淘金潮大举推进西进运动。

我从小就不喜欢约翰·韦恩（John Wayne）演的美国西部片。西进运动使美国获得了开拓者精神与牛仔猛男这两个令人作呕的矜持。1846年至1848年，美国发动美墨战争（墨西哥

---

[1] Manifest Destiny，指19世纪美国民主党所持的一种信念，认为美国被赋予了向西扩张至横跨北美洲大陆的天命。

—美利坚战争，Mexican—American War），夺取了加利福尼亚州、犹他州和新墨西哥州，进而解决了南北战争这一国内矛盾，而后从俄国手中买下阿拉斯加等，由此逐渐成为大国。

（4）维也纳体系以后，英国产业革命得以发展并蔓延到各地。其中，在乔治·史蒂芬生（George Stephenson）发明蒸汽动力机车、罗伯特·富尔顿（Robert Fulton）发明蒸汽动力船后，开始铺设铁路，同时建起河川、海洋的民间航路。

产业革命带来了"产业资本主义"。在经济学中，将产业革命以前的资本主义称为贸易商们的"商业资本主义"，将产业革命以后称为产业资本主义。商业资本主义是廉价采购A国或A地的原材料，高价销售到B国或B地的产品的模式。而产业资本主义则是通过"分工"而有效地配置劳动力，从而提高生产效率，以获得利润并扩大"资本"的模式。

这样的产业资本主义伴随产业革命的大潮而在各地形成。美国利用黑人奴隶种植棉花，向英国出售。英国使用纺织机把棉花加工成棉线和棉布，销往世界各地。这就是产业资本主义的典型事例。

效率非常高。因为最初的劳动力是奴隶。因此，奴隶得到解放后，这样的掠夺和收益的性能价格比就再也没能重现。于是，就需要找到什么来代替奴隶。当时，罗斯柴尔德家族等在英国和美国之间发了大财。

（5）拿破仑战争遗留了一个重要的哲学问题。那就是法国大革命的"自由、平等、博爱"因拿破仑而发生了什么样的变化。

法国启蒙思想主张的"自由、平等、博爱"确实是具有普遍性的思想。虽然如此，但实际上因为这一思想并没有特别大的力量，所以在这一思想发源地的法国，先是出现了雅各宾派党，接着拿破仑开启了一个对抗大陆的战争时代。

"自由、平等、博爱"看起来没什么问题。这一思想作为社会前进的目标，看起来也十分不错。但如果说仅靠这一目标就能提供欧洲社会和近代国家的新愿景的话，就不合适了。关于这一思想，仅用法国启蒙思想来解释是不够的。

特别是，德国人的思想与启蒙思想有很大差异。

关于这一点，我下面就来讲解一下。在上文中还几乎没有涉及德国，这个时机很不错。

我要举的例子是德国哲学和德国文学。首先，我介绍一下大致的时代背景。

进入维也纳体系之前的欧洲，因三十年战争之后于1648年缔结的威斯特伐利亚和约，而被称为"威斯特伐利亚体系"。反过来看，三十年战争是席卷了欧洲几乎所有国家的战争。如上所述，这一时期，天主教和基督新教明显形成了两大势力。

因为拿破仑把这个威斯特伐利亚体系打得粉碎，所以，欧洲各国试图通过新的同盟关系（神圣同盟、四国同盟），来建立维也纳体系。

继威斯特伐利亚体系、维也纳体系之后，欧洲迎来了第一次世界大战之后的"凡尔赛体制"。欧洲就这样，在欧洲大陆的战争结束后，相继建立了威斯特伐利亚体系、维也纳体系、凡尔赛体制。这是不容忽视的欧洲大格局。

德国人的思考
——观念哲学、浪漫主义

下面，我换个话题，插入关于德国观念哲学和德国浪漫主义的内容。

德国观念哲学是指以康德、费希特、谢林为代表的哲学，而后包含在黑格尔的体系之内。德国浪漫主义是在 18 世纪末的"狂飙突进运动"[①]之后，从长老歌德到夭折的青年诺瓦利斯这一期间的文艺运动。德国观念哲学和德国浪漫主义是对法国大革命和拿破仑战争的德国式回应。

德国观念哲学主张相对于"物质"的"观念"的重要性。观念哲学或观念论的英文是"idealism"，*主张各个物质或物体的状态和价值是由与其相关的观念的状态所决定的。*

举康德的哲学为例（附带说一下，康德比卢梭小 12 岁，比华盛顿大 8 岁。因此，康德即经历了法国大革命又经历了美国

[①] Sturm und Drang，指 1760 年代晚期到 1780 年代早期在德国文学和音乐创作领域的变革。

独立战争）。康德的哲学见解为"不能通过感觉器官感知到的事物，其存在是不可知的"。

例如，"自由"是一个抽象的词汇（概念），然而，不能说"自由"是在世界上不存在的。如果人把事物感知为自由，那就是自由。但是，即便如此，什么什么就是自由这种普遍的说明是不可能的。其中如果没有经验或体验作为媒介，很多部分是无法理解的。比如，玛丽·安托瓦内特所理解的自由、拉法耶特所理解的自由、拿破仑所理解的自由都是不同的。英国的自由和美国的自由也是不同的。17岁的自由和43岁的自由当然也是不同的。

康德将这样的本质性问题通过《纯粹理性批判》《实践理性批判》《判断力批判》这三部著作，为思考"理性"的本质提供了哲学思想。他认为，对人而言，具有先验性的事物等（人生来就有的本质性的特征等）是难以证明的。他还认为，概念的内涵不是从最初就决定了的。因此，"证明上帝"是不可能的，"说明自由"也是不可能的。康德洞察到了这一点。

我把自法国大革命至拿破仑的所发生的事件大致做了概述。如此"国家"和"国民"纷纷登场的具有近代特色的事件，与在那以前的人类的历史体验相比较，是令人耳目一新的。

用法国大革命派的话来说，对旧制度下的人们而言，巴士底狱（Bastille）被解放是骇人听闻的；而对新时代而言，这象征着自由。但是，这种自由是与各人的体验相照应而被感知的，却不能将此断言为"自由、平等、博爱"的概念。还需要有其他的认识。

用一句话说，德国观念哲学洞察到了这一点。这在某种意义上说，是一种与法国大革命所带来的完全不同的思想。而且，还区别于后来流行的拥护功利主义伦理的思想。

另一个德国浪漫主义显著地体现在文艺运动中。虽然是文艺运动，但显然从中孕育出了坚韧的"德国式思想"。

德国浪漫主义的先锋是18世纪中叶的路德维希·蒂克、威廉·海因里希·瓦肯罗德。他们同拿破仑只有3岁之差。

他们做过什么样的贡献呢？他们不是记录了现实发生的事情，而是书写了"希望成为现实"的故事。施莱格尔兄弟将这样的故事看作是"具有浪漫色彩"；诺瓦利斯在《蓝花》等作品中把这样的故事染上神秘色彩；弗里德里希·施莱尔马赫、让·保罗、E.T.A.霍夫曼的作品则让人在内心深处产生强烈的共鸣。这就是德国浪漫派。

现在，描写"希望成为现实"的小说比比皆是。不如说这样的小说所占比例更多。科幻小说和漫画都如此，当今流行的轻小说（light novel）、手机小说的内容也大多如此。

但是，当时这样的小说非常罕见。因为不管看起来多么神秘、多么充满幻想的神话或者传说，其实都是曾经在什么地方发生过的事情。路德维希·蒂克、诺瓦利斯、E.T.A.霍夫曼把这样的故事重新进行了创作，读起来像是在上帝的哪个国度发生的故事。

例如，诺瓦利斯的《蓝花》就是写了一个名叫海因利·封·欧福特丁根的青年实际体验幻想的故事。也就是说，各种体验是一定要在德国的什么地方进行的。那样的话，就会渐渐感到一种好像"德国人的本质"的东西，似乎一种被遗忘的民族记忆从这些作品深处流露出来。浪漫主义指的就是这种倾向。

面影所唤起的"民族记忆"

德国浪漫派文学家中，有一位最出色的文学巨人——歌德。德国浪漫派一定都在不知不觉中受到过歌德的影响。

这就好像日本的近代文学家一定会受到夏目漱石的影响一样。歌德的作品更具有德国的民族性，与在什么地方观察并发现人的存在本质这一思想相关。歌德的大作《威廉·迈斯特的学习年代》中，描写了名叫威廉·迈斯特的青年走遍各地追求精神修养的历程。其中写着所有德国人应该从根源上体验的事情。

用歌德的话说，这叫思考"原（Ur）"，或者降落到"原"上。这里的"原"是指一种"原来的事物"。

歌德被称为德国最伟大的文豪。同时，他还进行许多科学研究，特别在光学、色彩论、植物学领域颇有造诣。通过研究，歌德认为，植物有"原植物"，人有"原人"，而且存在着一种"原形态"（创造出各种形态的原来的形态）。这为所有的浪漫派提供了一种脉动。

这种思想不是认为人类和社会发展的未来存在着"自由、平等、博爱"的思想。而是思考人类和社会的"原"或"奥"中潜在的本质性部分。希望自己的人生以"原"或"奥"为基础，还希望德国成为这样的国家。

我感到，在歌德的思想中萌生了寻找"面影"的方法。歌德把它称作"Bild"，可以翻译成"面影"。

面影是似见非见的东西。但是，如果有人问你："你母亲是什么样的人？"那么，在你的脑海里浮现出的就是母亲的面影。可能要比现实中所看到的母亲形象更为重要。

如果是民族和国家的面影的话，就有可能成为非常宏伟的历史观。岂止如此，可以说本来民族观或历史观就是这样形成的。

德国浪漫派的贡献在于，激起了这种德意志民族潜在的"热忱"。

其中，赫尔德把浪漫派的思想汇总起来出版了《国民之声》；费希特出版了题为《对德意志民族的演讲》这本讲演集。这些都是在拿破仑战争之后发生的，具有极大的影响力。

那以后，这样的思想被概括为"浪漫主义"，波及到了法国、英国、俄国，甚至美国。在法国有夏多布里昂、著有《悲惨世界》的维克多·雨果；在英国有拜伦、雪莱夫人；在俄国有著有《黑桃皇后》的普希金；在美国有创作了《红字》的霍桑、出版了《草叶集》的惠特曼。浪漫主义不仅对文学，甚至对美术也产生了影响。德拉克拉瓦、戈雅都是浪漫主义画派的画家。他们完全没有称赞过法国大革命的现实主义。

就这样，从一个角度来看，浪漫的思想对国民国家的形成而言是不可或缺的"另一个因素"，至关重要。这种思想暗示并表达了潜在于人们内心深处的"不可证明的价值观"。然而，虽说是不可证明的，却不能说不存在这样的先验。

在德国，随后出现了格林兄弟。他们把以前只作为童话讲述的民间传说和故事，用德意志民族的语言，编成德国共同体的故事"母型"（即原型）。海因里希·海涅在《德国浪漫派》和《德国古典哲学的本质》等著作中说，康德的《纯粹理性批判》和德国浪漫派是用一条直线连在一起的。

因此可以说，在德国观念哲学和德国浪漫派的关注中，流露出一种跟法国大革命、美国独立、拿破仑所反映的"近代"略为不同的东西，即"民族的记忆"。并形成了"民族记忆"是最为重要的这一思想。

这与讴歌"自由、平等、博爱"这一万人皆准的新愿景略有差异。而且，这种德国思想与法国思想的不同之处，跟已经讲过的英国思想，以及接下来要介绍的美国思想相并列，成为现代社会意识形态的基础。

本书不做详细论述，这一德国思想与法国思想的不同之处在当今的"默克尔总理的德国"与"奥朗德总统的法国"依然被继承。同时，今天的日本人在讲"浪漫"的时候，是否会和上述的"国民国家日本"的转变一起讲述呢？

追求富国强兵的列强

且说维也纳体系后，在欧洲发生了各种各样的转变。

正如教科书上讲的那样，在拿破仑垮台后的法国，首先，波旁王朝复活并建立了君主立宪制度。但是，因民众对此不满，在巴黎爆发了"七月革命"。路易·菲利普一世的君主制度虽然叫君主立宪制，到底不是"自由、平等"。不得不实行限制选举，规定人口300人中只有一人有选举权。要求普通选举的"宴会运动"大为流行，结果很快就成立了临时政府，宣布成立共和国，即法兰西第二共和国。路易·菲利普王朝被推翻。

这就是法国"二月革命"。21岁以上男子的普通选举权终于在这个时期得以实现。但遗憾的是，离女性参政仍然十分遥远。

法国二月革命引发的革命风潮直卷整个欧洲。在柏林和维也纳发生了暴动，即"德国一八四八年革命"。在各国的各个地区，人们开始摸索着要求建立各种自立的政治体制。在德国也不例外。德国面临的选择是如何把德国式的民族魂整合在一起。然而，当时的德国仍然被几十个没成为联邦的邦国割据。康德或德国浪漫派精神姑且不论，仅确立政治体制就相当困难。

结果，在德国国内形成了两种思想。一种是将7000万人口一并统一的"大德国主义"构想（包括奥地利的构想）；另一种是以普鲁士为中心建立德国的"小德国主义"构想。这两种思想发生了冲突。就在此时，俾斯麦登上了历史舞台。他因在演说中主张"德国要用铁和血来建立"而被称为铁血宰相。

然而，在二月革命后的法国，拿破仑的侄子夏尔·路易·拿破仑·波拿巴突然出现并赢得了选举（任何国家、任何时代的选举都是可怕的），成为第二共和国第一任总统，却在三年后发动了军事政变，作为拿破仑三世登基，当上了法兰西第二帝国的皇帝。

就这样，在维也纳体系之后，世界的主要国家都发生了重大转变。这一转变就使"近代列强"的相继出现。各国列强效仿拿破仑实行征兵制，增强军事实力，为了实现本国的繁荣和扩张，把别国当成牺牲品。

例如，俄国也在击败拿破仑军队后以"欧洲最强陆军之国"而自诩。但为支撑其庞大的陆军，需要巨额军费。

因此，俄国考虑把乌克兰作为粮食生产基地，把粮食推销给西欧各国。为此，需要确保奥斯曼帝国内的博斯普鲁斯海峡和达达尼尔海峡这两个非常狭窄的海峡作为航路。这里是通往地中海的必经之路。

于是，俄国向奥斯曼帝国要求这一航路的通过权，并采取了各种手段。但是，从西欧各国的角度来看，俄国企图跨越地中海，危险至极。俄国不顾各国反对，趁着巴尔干半岛的斯拉夫民族运动高涨这一时机（这也是拿破仑战争的后果之一），巧妙地开始军事进攻。巴尔干对欧洲的任何国家而言，都是地缘政治学的心脏地带。尤其是奥斯曼土耳其，对此绝不保持沉默。

当俄国对奥斯曼土耳其宣战时，突然英国、法国、撒丁王国站在奥斯曼一侧参战了。这三国没有考虑和奥斯曼的共同利益，而只是试图制止俄国。这就是于1853年爆发的"克里米亚战争"。（就是在这场战争中，弗罗伦斯·南丁格尔为负伤兵献身。）

俄国受骗了。这种"昨日盟国是今日敌国"的战争策略，是各国在维护自己的近代国家安定的同时，互相争权夺利，耍尽千奇百怪的权谋术数而成立的。但是，如果这种战略只在欧洲内部反复上演，各国之间就会渐渐地接近实力均衡状态。那样的话，各国的财富就不会再增加。

因此，列强需要"别的牺牲品"。对欧美的列强而言，那就是亚洲。

这个亚洲最初是指东印度群岛或摩鹿加群岛，但其范围逐渐扩大。亚洲已经不再仅仅是丝绸、香料、茶的产地，而是成为掠夺财富、角逐权利的阵地、甚至近代殖民地。这一过程就是从英国对中国发动战争（即鸦片战争）开始的。

鸦片战争的开始，为列强在亚洲的战争拉开了帷幕，并与日本的幕末维新密切相关。就这样，"德川时代的世界史"终于和"列强的世界史"连在一起了。

亚洲成为列强的饵食
——鸦片战争

鸦片战争是1840年（天保十一年）发生于英国和中国清政府之间的重大事件。

在当时的日本，被称为"大御所时代"或"大江户八百八町"的文化文政极盛期刚刚结束，幕府于1825年颁布外国船驱逐令，接着又发生了西博尔德事件[1]。水野忠邦任老中，试图采取措施收拾日本经济和社会的混乱局面。但是，又相继发生了大盐平八郎之乱、渡边单山和高野长英被逮捕入狱的"蛮社之狱"事件。

西博尔德、渡边单山、高野长英都是最早关注"世界"的日本知识精英，都试图改变闭塞的局面。但是，幕府对他们进行了严惩。睁开眼睛看世界是万万不可的。日本顽固坚持按照日本原有的方针做下去。虽然实行了所谓"天保改

---

[1] 1828年德国医生西博尔德违禁将日本地图等带到国外而败露。为此，多名相关官僚和门生遭到处决。

革",却彻底失败。

我在著作《日本之方法》(NHK 书籍)中指出,被称为"株仲间"①的日本独特体制的萌芽被天保改革摧毁了。幕府看到"株仲间"维护少数派的利益,就命令其解散。但是,正是这些少数派才有可能成为推动经济发展的动力。遗憾的是,却被毁掉了。

就在那时,在中国发生了意想不到的鸦片战争。正好是在欧洲发生的法国七月革命和二月革命之间。

请再次关注这个年代,并做一下相互记谱。鸦片战争是1840年,而克里米亚战争是1853年。就在克里米亚战争期间,佩里的黑船从太平洋来到了日本。克里米亚战争和佩里来航是在同一年——1853年(嘉永六年)发生的。也就是说,日本被迫开国之前,中国因鸦片战争已经被迫打开了国门。

这些相互记谱是偶然的一致吗?并非如此。就在前一年的1852年,俄国船进入了下田,而在那以前的1849年,英国船来到了浦贺。岂止如此,再以前的1846年,美国使节詹姆斯·贝特尔(James Biddle)来到浦贺要求通商。

不仅如此,1844年在《荷兰风说书》中已有警告说:"日本最好马上开国。"

鸦片战争是第一个列强对亚洲龇牙咧嘴、凶相毕露的惊人事件。当时英国以清朝的广东为中心,由东印度公司频繁地进行贸易。当时的主要商品是红茶。但英国却是贸易赤字。

---

① 江户时代,经幕府、诸藩批准的垄断商工业者的同行业协会。

在广东有叫"公行"的拥有特权的中间商组织，垄断了贸易。英国向公行支付了大量白银。当时的世界贸易大多是用白银结算的。在拥有波托西银矿的中南美，白银产量最大，而最初都掌控在西班牙手中。如上所述，白银曾经被东印度公司运到英国，而当时美国已经独立，英国进口白银开始遇到困难。

因此，英国在印度的孟加拉地区种植罂粟，从中提炼鸦片，再把这些鸦片通过民间商人向清朝走私，企图以此恢复两国间贸易均衡。这就是我多次强调的"三角贸易"。

英国向印度出口英国生产的棉布；从印度向中国走私鸦片；然后，从中国进口红茶运往英国本土。就是这样的三角贸易。以鸦片为媒介，是极其可耻的想法。将其付诸行动的不是东印度公司，而是与罗斯柴尔德家族有关的渣甸洋行（Jardine Matheson）和沙逊财阀（Sassoon）。

鸦片是源于罂粟植物蒴果的毒品。长期使用会中毒，甚至成为废人。法国诗人让·谷克多鸦片中毒的时候，可可·香奈尔曾经拼命劝阻过。这样的毒品成了英国三角贸易的一角。

清政府发现了鸦片的毒害，试图禁止鸦片进口。但是，哪个时代都是一样的，商人只要有利可图，不管是军火、毒品还是奴隶，什么生意都做。而跟这种商人相勾结的官僚则只要受贿就默许走私行为。因此，一转眼，吸鸦片的人数大增。截至1840年，大量走私鸦片流入中国。

就这样，中国近20%的白银外流了。因此，当时的皇帝道光帝任命官僚中因刚直不阿而闻名的林则徐为钦差大臣，令其妥善处理。

林则徐外号林天晴，是清官。他跃跃欲试地前往广东，下令官兵包围东印度公司，采取水攻和围困粮草的战术，要求对方交出鸦片。

　　鸦片藏在停泊在港口的大船里。于是，林则徐没收了多达1425吨鸦片，一部分投入大海，一部分在海边挖坑烧毁。英国商务官抗议说是"侵犯财产权"。但这在中国是行不通的，而欧美则在这样的时候，对"不明事理"的对方更要拔出自己的传家宝刀。也就是，以"这就是全球标准"做后盾。

　　而且英国政府看到林则徐的行动后，认为若动用武力就会赢得进一步扩大亚洲贸易的机会，就决定立即派兵。就这样，1840年大批英国舰队到达广东，开始了战斗。清军当然敌不过。英国舰队一路北上直抵天津。其雄威令清政府震惊，害怕随时有可能遭到炮击。这跟后来佩里的黑船如出一辙。

　　清政府慌忙把林则徐流放到新疆的伊犁地区。希望通过交涉而逃脱此劫。但是，英国没有放过这个机会。从印度增兵一万人，把舰队驶入南京开始了威胁式外交。

　　迫使清政府于1842年在英军旗舰康华丽号上，同英国签署了《南京条约》。这就是鸦片战争的来龙去脉。

《南京条约》的屈辱

《南京条约》是亚洲史上第一个也是最大的一个耻辱条约。

英国让清政府无条件接受如下的要求：割香港岛给英国；五口通商（清政府开放广州、厦门、福州、宁波、上海等五处为通商口岸）；废除清政府原有的公行自主贸易制度，准许英商与华商自由贸易；巨额赔款（清政府向英国赔偿被焚鸦片和英国军费）等。不仅如此，还在第二年签订的补充条约中规定英商进出口货物一律缴纳5%的关税；英国获得了领事裁判权、片面最惠国待遇等。

关税自主权的丧失以及领事裁判权和最惠国待遇，这些跟后来的佩里和哈里斯向德川统治下的日本提出的条件完全相同。而且美国和法国也与清政府签署了同样的条约。这也跟幕末的日本所经历的相同。目睹鸦片战争的经过，荷兰国王担心日本，在《风说书》中向日本发出了警告。

不管怎么看，都看不出中国有什么不对。只因林则徐在手续上出了点差错，就应受到惩罚。没有这样蛮不讲理的，然而，这正是列强的恐怖之处。

那时因《南京条约》落入英国手中的香港，被占领以后，自 1898 年起成为以 99 年为期的租借地。那以后也一直是在英国治外法权下的城市。香港回归中国是 1997 年。香港放焰火举行盛大的庆祝典礼，仿佛庆祝终于摆脱了《南京条约》的桎梏一样。

那么，清朝的屈辱只有这些吗？不是的。我们接着看看中国当时的情况。

当然《南京条约》在中国国内激起了强烈的民愤。这与幕末的日本相同。但是，众所周知，与在日本沸腾起来的"尊王攘夷"的呼声相比，在中国发生的事情则略有不同。是在"灭满兴汉"的口号下爆发的一个运动。"灭满"意为，是非汉族的女真族让明朝灭亡的，因此，就要灭掉可憎的"满"。"兴汉"意为，取代"满"而建立汉人国家。这跟郑成功和朱舜水的心情是相同的。

提出这一口号的是叫洪秀全的新教徒。他是中国式的基督新教徒。洪秀全出生于广东的客家，几次参加科举考试都没有考中。他读了由新教徒翻译成汉语的小册子《劝世良言》，受到启发，相信自己是上帝耶和华赋予特别使命的人，是耶稣的弟弟。

这有些玄秘。洪秀全在鸦片战争刚刚结束后，组织了半基督教性质的"拜上帝会"，没想到却一下子得到了农民的支持。于是，洪秀全打着"灭满兴汉"的旗号揭竿而起，把农民新教徒的财产集中在"圣库"中共同管理，于 1851 年成立武装组织，建国号"太平天国"。当然洪秀全也主张禁止鸦片贸易。

太平天国军向长江进军，吸收更多的贫困农民，势力迅速大增到50万人。1853年攻下南京。定都南京，将南京改称"天京"；将历法改为近似太阳历的"天历"；颁布《天朝田亩制度》，试图实现充满大家族式理想的"大同社会"。大同是"大同小异"的"大同"。

对清朝而言不幸的是，内乱的同时，国际形势又发生了新的变化。在克里米亚战争中，俄国败给英国。而后，俄国把目光转向黑龙江（阿穆尔河），开始了军事侵略。

存有戒心的英国为防范俄国从陆上进攻，决定巩固海上战线，伺机扩大在清朝的市场。恰好因太平天国之乱清政府处于混乱状态，英国认为这是大好时机。

就在1856年，在广州发生了英国船亚罗号被扣押、英国国旗遭到羞辱的事件。紧接着，那一年在广西省法国传教士被杀。英国借机联合法国，对中国发动了侵略战争。

这就是"亚罗号战争（第二次鸦片战争）"。亚罗号只不过是一艘走私船，却成了英法蓄谋已久的对华战争的借口。

清军不堪一击。1858年签订了天津条约，1860年签订了北京条约。清政府被迫同意开放天津等11个港口，允许外国公使进驻北京，并割让九龙半岛等。

太平天国军又如何呢？清朝有叫"八旗"的正规军，却无法抵御太平天国的势力。因此，前线的汉族官僚组织义勇军镇压太平天国，发展成了曾国藩的湘军和李鸿章的淮军。这就是中国近代军队的源流。结果，"太平天国之乱"于1864年被镇压。

各位读者一定注意到了，这些事件发生在与日本的幕末完全相同的时期。第二次鸦片战争后缔结天津条约时,日本正值安政大狱;缔结北京条约时,日本正值樱田门外之变;太平天国军遭镇压时,日本正值萨英战争、8月18日政变、长州征伐、高杉晋作率领奇兵队举兵造反。

但是,中国和日本有着完全不同的方面。日本没有经历过鸦片战争或第二次鸦片战争那样的直接军事入侵(虽然发生过小规模武装冲突),而且毕竟日本没有发生过大规模的民众蜂起。在日本发生过百姓一揆①、"お蔭参り②""ええじやないか③"等民众运动,却没有形成自觉的军事武装(高杉晋作的奇兵队算是规模最大的)。重要的是,政治性口号和社会改革计划不是由民众提出的。

各位读者思考日本在后来的亚洲中的立场时,首先需要了解这一段时期所发生的事件。

日本和中国也有相似之处。日本和美国于1854年3月31日缔结的《日美亲善条约》,通称《神奈川条约》,与鸦片战争后的《南京条约》非常相似。甚至可以说是酷似。在丧失关税自主权;领事裁判权被剥夺;和美国缔结的条约内容也适用于其他国家的最惠国待遇等方面,完全相同。

佩里的黑船来航预告了即将来临的日本的命运,同时,还预告了不同于中国的日本对策。

---

① 百姓起义。
② おかげまいり,指始自江户时代的前往伊势神宫的集团参拜。
③ 指1867年在近畿、四国、东海等地发生的骚乱。

第0讲

列强为什么逼迫日本开国？

列强策划的全球性大工程和大赌博

日本的近现代史中有很多令人费解的事。

正如诞生于明治时代的坂本龙马所说的"洗涤日本"一样,"维新"是以三十几岁的年轻人为中心在短期内实现的。维新一词出自《诗经》,意为"乃始更新"。最早出自水户的藤田东湖引用"周虽旧邦,其命维新"一句,以表达要推行国家政策改革的决心。这正是迎接"黎明"的说法。

但是,岛崎藤村在著作《黎明之前》中,借以其父为原型所塑造的人物青山半藏之口,说出"那还是黎明前。"这句话。而且写道,不如说是因为维新而失去了"某一根基"。

先不论究竟那个对那个错。幕末维新时代,处于两者能够相互记谱的状态。在相当长的"锁国"时期,日本经历了繁荣,在技术、经济、文化领域都得到长足的进步。但是,一旦被迫开国,幕末的志士们不支持决定开国的幕府井伊直弼,而首先开始了尊王攘夷,介入转向公武合体,即便如此,最后还是推翻了幕府。这不是通过民众蜂起，而是通过在萨长土肥①等地的年轻"有司"（官僚）领导下的维新。

如此建立起来的明治国家是以天皇为首的君主立宪制，而且是内阁议院制。在"神佛分离令"的基础上，加上"国家神道"，而放弃了奈良时代以来作为佛教国家的性格特征。为什么这样做呢？令人难以理解。另一方面，为实现富国强兵、殖产兴业等跟列强一样的目标，而付出了巨大努力。列强的英文为"great powers"，当时的日本非常热衷于同列强为伍。

元首为天皇。模仿明朝实行一代一元制。国名为大日本帝国。这就是"颜面"。政体为君主立宪内阁议员制。大家都身穿洋装，剪掉发髻，扔掉佩刀。不但引进了太阳历和西洋音乐，而且原封不动地引进了洋式工厂、股份公司制度、军备和武器。

这到底是想拿来列强的什么呢？又是想保存什么作为日本特征呢？不得而知。

虽说是以列强为伍，却又有东施效颦的一面。渡边京二在著作《消逝而去的世间面影》（平凡社丛书）中，引用了许多当时的外国人写的怀念往昔日本的风景和习俗的日记、书信和文章。即便如此，文明开化简直就被理解为不穿洋装就不能召开国会。至于青山半藏叹息说失去了"某一根基"，也是理所当然的。

为什么变得这样呢？只在幕末明治的日本中寻找答案，是

---

① 指萨摩、长州、土佐、肥前这四藩，通称倒幕维新四强藩。

什么也看不到的。那么,在日本以外的地方发生了什么呢?那就是列强为建立"强大的国家"而启动了大工程,为建立"辽阔的国家"而开始了大赌博。

首先是英国。

维也纳体系之后的英国,由1837年(天保八年)即位的维多利亚女王统治了64年。在此期间,英国的技术革命得以发展,铺设大量铁路网,英国作为"世界工厂"的地位得以巩固。这被称为"不列颠治世"(英国的繁荣)。这不但是由资本家、地主和贵族,而且是由军事实力、产业革命和近代殖民地才得以实现的。

正如维多利亚女王既是大英帝国女王,同时又是印度帝国的女王一样,"不列颠治世"通过将近代殖民地建在世界各地,而得以繁荣兴旺。"印度为我种植棉花,澳大利亚为我剪羊毛,巴西为我生产咖啡。世界是我英国的农场,而我英国则是世界的工厂。"这种自吹自擂实在令人作呕。

英国不仅把澳大利亚和巴西变成了"为我"的存在,而且瓜分非洲也是"为我"的。

维多利亚女王时代的英国与美国同时迎来了股份公司激增的时期。产业资本家如雨后春笋般地出现,都通过建立伙伴关系来强化企业实力。虽然名为伙伴关系,其手法都是卡特尔(联合企业)、托拉斯(企业合并)、康采恩(垄断联合企业)。再加上金融资本家,就形成了20世纪资本主义的雏形。

英国在这一时期是"世界工厂",还试图成为"世界的银行"。但是，其地位最终被美国所替代。

那后来的法国又如何呢？

1848年（嘉永元年）拿破仑的侄子路易·拿破仑就任第二共和国第一任总统，然后，强行实施第二帝政，自封为皇帝，即拿破仑三世。在那以后，法国参加克里米亚战争，击败俄国。又在意大利试图统一时，装作支持意大利统一而打败奥地利，从而获取撒丁王国、萨伏依和尼斯。

接着，法国同西班牙联合出兵中南半岛（又名印度支那半岛），将越南南部和柬埔寨变成近代殖民地。1860年代，法国看到美国因南北战争处于一片混乱，于是，出手墨西哥，却战败。

拿破仑三世把世界各地看成投机市场。因此有成功也有失败。1870年（明治三年），法国同普鲁士（德国）之间开始"普法战争"后，在色当遭到惨败，拿破仑三世和十万法军一起成了俘虏。

接着，法国建立了"法兰西第三共和国"。这一共和国政权一直延续到第二次世界大战纳粹德国入侵为止。

如上所述，英国和法国所进行的大工程和大赌博的规模之大是日本无法仿效的，是明治日本的规模远远不及的。早在幕府末期，英国公使巴夏礼和法国公使利昂·罗切斯都是只身一人牵着幕府和萨长的鼻子走，由此可见英法的野心之巨大，计划之周密。日方是百人、千人，对手却是一个人。

铁血德国、陆军俄国
　　——帝国的先发制人

　　接下来，看看德国。德国在1848年的三月革命失败后，迎来了建立统一德国的机运。

　　那时出现了争议，为决定国家命运，是选择"大德国主义"，还是选择"小德国主义"。1862年就任普鲁士首相的俾斯麦坚定地主张："德国的统一不能靠少数服从多数的选举而决定。只有靠铁和血才能解决。"他把下议院关闭了四年，实行扩军。也就是说，要通过战争实现德国统一。因此，俾斯麦被称为"铁血宰相"。

　　这完全不同于日本国内的关于是"尊王攘夷"，还是"公武合体"的争论。俾斯麦采取的是靠对外战争实现对内巩固的战略。而幕末日本则是"要么对外排斥，要么对外开放"。这作为原本多神多佛且非一神教的日本的取舍方针，非常危险。这样就容易把日本社会二分成"喜欢外国"和"憎恶外国"。实际上，中江兆民曾经警告说，日本人不是容易得"侮外病"，就是容易得"恐外病"。我同意这一观点。

俾斯麦则更加巧妙。1866年（庆应二年）普鲁士王国对奥地利发动了普奥战争，仅在七个星期之内就赢得胜利，并成立了"北德意志连邦"（以后奥地利成为奥匈帝国）。接着，1870年普鲁士王国向法国发出了决一胜负的挑战，就是普法战争。众所周知，德法之间一直争夺莱茵河两岸。而每次煤炭和铁矿石等地下资源丰富的比利时、洛林、阿尔萨斯等地都会被卷入战争。战争的目的之一就是争夺矿产资源。因此，俾斯麦采取权宜之计，篡改了电报（埃姆斯密电），说普鲁士国王受到了法国大使的侮辱，巧妙地激怒了法国。

拿破仑三世既是投机主义者又是冒失鬼，完全上了俾斯麦的当。1870年（明治三年）"普法战争"爆发。结果，拿破仑三世在色当投降。

这样建立起来的就是"德意志帝国"。这是俾斯麦外交的胜利。几乎和明治维新是同一时期。然而，德国和日本在编辑型思维方式方面则完全不同。那以后，为了防备法国报复，首先，德国同奥地利和俄国缔结了"三帝同盟"。后来，德国与俄国的关系恶化。于是，德国同奥地利和意大利缔结了"三国同盟"。

列强就是"以牙还牙""先发制人"。俾斯麦一面同俄国缔结秘密条约，一面准备让法国彻底陷入孤立。

接下来，说俄国。

俄国对明治日本而言，曾经是日俄战争的对手。因此，不了解俄国的情况，就不能弄清楚近代的日本。

打败了拿破仑大军的俄国自诩为"欧洲最强陆军之国"。当时的俄国皇帝是尼古拉一世。他性情残暴，每年将大约一万人流放到西伯利亚。

尼古拉一世所面临的最大挑战是增强俄国的经济实力。为此，他试图将在乌克兰的粮仓地带生产的粮食大量出口到西欧。要求奥斯曼帝国提供博斯普鲁斯海峡和达达尼尔海峡的通过权，于1853年对奥斯曼帝国发动了战争。而英国、法国和撒丁王国装作支援奥斯曼帝国而向俄国宣战。这在上文中讲过。这就是作为相互记谱战争的"克里米亚战争"。这一年正好佩里的黑船来到日本。

附带说一下，对今天普京领导的俄罗斯而言，如何管控乌克兰是国家战略的最重要挑战之一。

西欧列强对俄国南下到地中海方面来抱有极大的戒心，不能容忍这里被攻破。因此，在克里米亚战争中把俄国打了回去。但是，俄国方面认为，这样下去，会激起乌克兰粮食产地农民的不满。因此，亚历山大二世即位后，发布农奴解放令，试图摆脱困境。但仅此是不足以提高俄国的工业实力的，也不能聚富揽财。还是需要在地中海方面有所突破。俄国的心脏地带和边缘地带就在于此。

为此，以巴尔干半岛的斯拉夫民族主义开始萌芽为契机，1877年（明治十年），俄国向奥斯曼帝国宣战，发动了第10次"俄土战争"。这也没有得到预期效果。（俄国和土耳其之间的俄土战争发生过很多次。其中，始于1877年、持续了十年的第 10 次俄土战争最有名。）

于是，俄国改变计划，转而从西伯利亚方面南下。

俄国虎视眈眈的新猎物是，因太平天国之乱和第二次鸦片战争而陷入混乱的清政府，以及其周边的东北亚。首先，俄国入侵黑龙江（阿穆尔河）以南地区并用武力进行威胁。1858 年（安政五年），俄国和清朝签订了《瑷珲条约》，夺取了从尼尔楚到符拉迪沃斯托克的领土。

符拉迪沃斯托克离日本的北海道很近。从此，继鸦片战争之后，东亚陷入了第二次危机。随后，俄国和英国因争夺亚洲而对峙，进而引发了后来的日俄战争。

美国追求开拓地
——强迫日本开国的理由

对日本而言,最大的威胁还是美国。毕竟逼迫日本开国的是美国。

在这里,仅从地缘政治学角度来观察美国的领土扩张。1789年(宽政元年)华盛顿就任美国首任总统,那时独立的只有13个州。后来,第三任总统托马斯·杰斐逊从拿破仑手中用1500万美元买下路易斯安那,以后,美国渐渐扩大了领土范围。

接着,美国从西班牙手中仅用500万美元价格买下了佛罗里达。进而,并吞了墨西哥领得克萨斯。又对墨西哥发动了"美墨战争",1848年(嘉永元年)夺取了加利福尼亚、犹他、新墨西哥、科罗拉多。

这些地区几乎都是美洲土著的居住地。但是,美国政府用"昭昭天命"(Manifest Destiny)这样的花言巧语,把美洲土著强行迁到环境恶劣的地区。特别是第七任总统杰克逊于1830年颁布的《印第安人迁移法(Indian Removal Act)》最为无耻。

不仅是美洲土著。欧洲列强从16世纪到19世纪中叶，把1400万非洲黑人变成奴隶。特别是美国，从加勒比海海盗或商人手中买进这些奴隶。

在美国廉价买到手的加利福尼亚，发现了大量金矿，这改变了美国的命运。即"淘金潮"（Gold Rush）。不论张三李四谁都金迷心窍。正如"49淘金者"[①]的疯狂，8万多人孤注一掷，企图一获千金。在加利福尼亚，还开采出了石油。就这样，美国人心中燃起了"开拓者精神"之火。

开拓了西部之后，北美大陆就几乎全部属于美利坚合众国的了。国内几乎没有可开拓的余地了。因此，美国开始向着"海洋"或"海洋的对岸"谋求开拓地。一个是加勒比海，另一个是太平洋。这就是佩里来日本的理由。

后来，美国在林肯总统时代通过南北战争实现了国内统一，靠移民和铁路维护国内安定，促进经济发展。特别是1869年（明治二年），建成了"太平洋铁路"，实现了联合太平洋铁路和中央太平洋铁路的对接。这是第一条横贯北美大陆的铁路。

顺便说一句，日本的职业棒球中的"中央棒球联盟"和"太平洋棒球联盟"就是美国的"中央"向"太平洋"延伸的意思，借用了当时的开拓地神话。这么想的话，就觉得两个联盟都半斤八两，不如像日本职业足球联赛（J.LEAGUE）那样有原创的名字更好。

书归正传，当时使美国积蓄实力的产业保护政策包括高税

---

① 1849年涌入北加州的淘金者的统称。

率的莫里尔关税法、支援竞争力的国立银行法、推动私营农业的宅地法等。移民至西部、居住并耕种 5 年的人都能无偿得到 160 英亩土地。160 英亩约 20 万坪。这是一种分派发放政策，手段高明。

就这样，通过移民、修建铁路和国内产业保护政策，美国的实力得到强化，并从此锐不可当，一冲千里。

如东方卷第 1 讲所述，19 世纪末，在阿尔弗雷德·赛耶·马汉（Alfred Thayer Mahan）主张的海权论思想的影响下，美国为建立"海洋帝国"而创建了各种舰队和海军陆战队（又称海兵队）。到了第 25 任总统威廉·麦金莱的时候，美国为统治加勒比海，盯住古巴，强制性地将古巴产的四分之三的砂糖进口到美国；对西班牙发动战争，强制西班牙割让波多黎各和关岛；用 2000 万美元把菲律宾买到手。当时，在菲律宾爆发了由埃米利奥·阿奎纳多将军率领的独立运动，遭到美国镇压。

此外，美国还吞并了夏威夷。夏威夷是 1810 年（文化七年）由卡美哈梅哈一世建立的夏威夷王国。主要从事甘蔗种植业的美国移民占有三分之二的土地。1893 年，利留卡拉尼女王统治的夏威夷王国被推翻，美国人于第二年建立了夏威夷共和国。当时，来自日本的移民占岛民的两成，都成了美国人。这就是日裔美国人的开端。

就这样，美国几乎完成了"海洋帝国"的脚本，并获取了巴拿马运河的修建权和运河地带 99 年的租借权。

美国在世界上的地位就是这样一举确立起来的。连接夏威夷、关岛、马尼拉，将大西洋和太平洋用巴拿马运河连接起来，这一"赤道以北的世界体制"是由美国一国建立的。

虽然美国的战略与欧洲列强的不同,却势如破竹。其野心得以成为现实。时任国务卿的约翰·米尔顿·海伊发表了《门户开放政策》(Open Door Policy)。请注意。他宣布:"要把太平洋尽头的中国和日本变成美国新开拓地。"

没有战略的日本
——佩里与不平等条约

显然，日本被盯上了。

日本的教科书也到了这样写的时候了。让我们来概观一下，19世纪，欧洲列强和美国是如何对日本发动攻势，而日本又是如何接受的。

佩里并不是第一个向日本提出通商和开国要求的美国人。1846年（弘化三年）东印度舰队司令詹姆斯·贝特尔进入浦贺要求通商。对此，老中阿部正弘冷淡地拒绝了。为什么呢？因为这是幕府的"祖法"。

在贝特尔之前，许多外国船到过日本。北从北海道的利尻、礼文、择捉、国后、室兰，中部的陆奥、佐渡、常陆、小笠原、浦贺、下田等的日本海及太平洋沿岸和港口，南至长崎、萨摩、琉球，各地都来过外国船只。包括随流漂来的船只多达100艘。但是，幕府每次都只是把船赶出去，没有丝毫对战的意思。这是无策的表现。

日本虽然是海洋国家，却没有对海上交通线（战略上重要的海上交通路线）抱有危机感。因此，没有海上防御能力。林子平在《海国兵谈》中写道，如果把驶来的外国船像打老鼠一样摧毁在水边就好了。

但是，事态逐渐恶化。不容忽视的是，叶卡捷琳娜二世的使节拉克斯曼来到根室、列扎诺夫来到长崎，要求通商；英国菲顿号（HMS Phaeton）在长崎入港；英国的格尔顿来浦贺要求通商；美国商船莫里森号（Morrison）来到浦贺要求通商。

即便如此，幕府颁布"外国船驱逐令"，只把船只赶出去。鸦片战争中清政府大败的消息在《荷兰风说书》中也有报告，所以，不能再怠慢下去了。于是，1842年（天保十三年）幕府颁布了"薪水给予令"，至少要给外国船提供燃料。然而，幕府还是任命锁国强硬维持派阿部正弘为老中。

就在此时，来航的是贝特尔。幕府却还是让他回去了。但是，那以后相继发生了许多事件，包括从美国的捕鲸船逃出来的船员随流漂来，美国的军舰普雷布尔号（USS Preble）到了长崎要求引渡随流漂来的人，土佐的约翰万次郎（别名中滨万次郎）乘坐美国船到了琉球，等等。

那时，荷兰商馆长库尔提乌斯报告说"在清朝发生了太平天国之乱""美国就要来了"。他在《别段风说书》中写道："这样的情况对日本而言，非常危险。""打算明年春天来日本的佩里是意志坚定的人，因此要小心。"

但是，为时已晚。那时，美国东印度舰队已经驶向太平洋了。舰长是海军提督马休·卡尔布莱斯·佩里（Matthew

Calbraith Perry）。来者不善，日本陷入了危机。

现在许多美国人反对日本人食用鲸鱼。但在当时的美国，捕鲸是一大产业。霍尔曼·梅尔维尔所著《白鲸记》中描写的就是在当时的捕鲸社会中一个船长的执着信念。顺便说一句，世界著名咖啡制造商星巴克（Starbucks）的名字就出自《白鲸记》中捕鲸船裴郭德号大副斯达巴克（Starbuck）的名字。

不但鲸鱼肉可以食用，而且鲸油是珍贵的油脂，当时多用于照明。为了捕鲸，需要建立据点。捕鲸船一出港就要两年才能返回。于是，佩里为了确保捕鲸据点，指挥舰队，驶向太平洋，于1853年（嘉永六年）4月到达琉球王国的那霸。然后，途经小笠原的父岛，最后，在浦贺靠岸。

那时，佩里带来了美国第13任总统菲尔莫尔的国书。是想万一发生什么事情，就挥舞国书这一尚方宝剑吧。当时，乘小船靠近舰队试图潜入黑船而被抓的，是23岁的吉田松阴[①]。

日本方面，老中阿部正弘暂时接受了国书，却态度暧昧地回答说等明年再做答复，以拖延时间。7月，普提雅廷率领俄国舰队来到长崎，逼迫日本开国并要求确定国境线。普提雅廷12月再次来到长崎。

关键是，这些消息竟然让佩里感到惊慌。他认为："日本开国的权利会被俄国夺走。"也就是说，美国和俄国在日本海域互相争夺。如果日本具有国际外交实力的话，有可能在美俄之间做权衡并套出有利条件。但是，日本完全没有这样的外交

[①] 1830—1859年，日本江户时代末期思想家、教育家、改革家。明治维新的精神领袖及理论奠基者。

实力。

1854年（嘉永七年）1月，佩里再次率7艘黑色军舰来航。经过浦贺，进入品川附近海域以示威慑。这跟鸦片战争时的英国军舰一样。

于是，幕府举手投降，签订了《日美亲善条约》（即神奈川条约）。幕府又于同年8月和英国、12月和俄国，后来和荷兰、法国也签订了同样内容的条约。第二年，哈里斯来日本签订了《日美修好通商条约》后，还是英国、荷兰、俄国、法国也接连跟日本签订了内容完全相同的条约。

我要反复强调的是，其中一些内容跟鸦片战争时的《南京条约》、第二次鸦片战争时的《天津条约》《北京条约》几乎一样，包括承认对方的关税自主权、领事裁判权、最惠国待遇等内容。即"不平等条约"。

后来的明治日本曾经发誓进行"条约改正"以取消这一不平等条约。然而，在幕末动乱中，国内的舆论只有要么"攘夷"要么"开国"。正如中江兆民所说的"侮外病"或"恐外病"一样。

特别是完全没有"攘夷"以后的脚本。也就是说，这证明了所谓日本的海外战略是多么敷衍了事。没有人为实现攘夷而制定任何战略。紧急的时候，没有编辑型思维方式。我在第14讲还要详细讲解。我认为，是紧急事态发生时的战略跟和平时期的战略发生了扭曲。

换句话说，美国和列强并没有打算拿自己的国家下赌注来打仗。"攘夷"只不过跟画饼充饥一样。

说尊王攘夷中的"攘夷"就像画饼充饥一样,各位读者可能会感到震惊吧。因为那些勤王佐幕的幕末志士们只空谈攘夷啊。

略加辩护的话,幕末维新时的日本最警戒的就是,采取措施避免沦为哪个列强的殖民地。为此,需要同时举起攘夷的旗帜。但是,为了不成为殖民地,本来应该增强军事实力,积蓄资金,不能效仿俾斯麦进行厚颜无耻的外交。那是需要时间的。推翻拘泥于封建制的幕府,建立新政府,以具备与外国进行交涉的条件,同时实行"富国强兵、殖产兴业"政策,就出于这样的理由。

以岩仓具视和伊藤博文为首的视察团花了近两年时间前往欧美进行视察,换个角度来看,就是因为需要让列强看到不愿沦为殖民地的新日本的自立形象吧。虽然这是较为消极的做法,却可以说是日本式做法。

虽然如此,明治日本的选项中,难道只有这样的近代化方法吗?为了避免重蹈清政府在鸦片战争中的覆辙,难道只有这一种选择吗?还是应该说,对既没有实力跟列强交战又不想交战的日本而言,维新革命是最明智的选择呢?

这是今天的历史学家们难以下结论的问题。明治的近代化政策是成功了,还是失败了呢?或是马马虎虎呢?如果说有什么不足之处,那究竟是什么呢?

在这里,为了换个角度来看这个问题,我来讲一下还没有提到过的意大利独立。

把明治维新跟意大利独立放在一起比较,看起来好像是把话题扯远了。我却不这么认为。意大利和日本一样国土面积小。意大利在日本的幕末维新时代有过什么样的变化。这种相互记谱式的比较会令人耳目一新。

意大利的"维新"与国家统一

如上所述，拿破仑战争之后，在欧洲出现了国民国家的动向。这一变化波及意大利，形成了要求意大利统一和独立的"意大利统一运动"。

意大利统一运动（Risorgimento）意为"复兴"，是国民复兴运动的口号。日本人喜欢把文艺复兴挂在嘴上，其实如果真正向意大利学习，就应该同时关注近代发生的意大利统一运动。

最先发起意大利统一运动的是烧炭党（Carbonari）。烧炭党于1820年（文政三年）提出立宪自由主义，却失败了。

1831年，朱塞佩·马志尼创立了"青年意大利党"，试图建立罗马共和国。（在日本，水户、长州和土佐等藩曾试图建立的"国"类似于共和国，但是当时的日本还没有这样的思想，虽然在萨摩藩有过建立独立国家的构想。）然而，朱塞佩·马志尼的罗马共和国在法国的干涉下遭到镇压。因此，意大利统一运动发展缓慢。

这是有原因的。一个原因是在意大利，各城市的自主性原本就很强，形成了佛罗伦萨、威尼斯、罗马、那不勒斯等独特的城市文化。现在的意大利足球甲级联赛就是每个城市都有自己的球队。但这是国民国家统一的障碍。

还有一个妨碍意大利统一运动的因素。那就是，在19世纪中叶的北意大利，大量领地被奥地利所有。不改变这一现状，就不能实现意大利统一。因为那里是意大利国内的心脏地带。

1852年，皮埃蒙特名门贵族的次子卡米洛·奔索·加富尔伯爵（Camillo Benso Conte di Cavour）就任意大利小公国之一撒丁王国①首相。加富尔首先向各国显示自己的实力和优越性。接着，参加克里米亚战争，与法国接近。他跟拿破仑三世签订密约，让法国承诺在赢得克里米亚战争后支援撒丁王国。

用这样的手法开展外交，是日本的幕府完全想象不到的。唯一有过类似想法的是萨摩藩。萨摩藩有独立的军事武装，希望跟外国单独建立贸易关系。当佩里的黑船来到日本的时候，萨摩藩主岛津齐彬把九州的诸侯派到新西兰，还把濑户内海的诸侯派到清朝，提醒诸国应该对佩里的黑船进行防卫。

但是，没有到跟外国进行巧妙交涉的水平。日本相当不擅长外交。

1859年（安政六年）加富尔得到法国军队的支援，对奥地利发动了战争，并获得胜利。这就是意大利统一战争。

拿破仑三世担心撒丁王国的势力过强，就秘密地跟奥地利讲和，所以，撒丁王国只限于跟伦巴第合并。列强就是虚虚实实的。

---

① 1720—1861年，亦称皮德蒙-萨丁尼亚王国。

这时，加富尔耍了一下外交手腕。虽然法国没有遵守密约，加富尔却按照约定把萨伏伊和尼斯拱手让给法国。现在这些地方仍是法国的领土，就是那时加富尔赠送给法国的礼物。加富尔后来说："历史和人生都是即兴的。"强调政治不要在任何场合都顾及脸面。

1860年（万延元年），曾经是青年意大利党员的朱塞佩·加里波第（Giuseppe Garibaldi）率领1000人的红衫军在西西里岛登陆。加里波第统一了包括那不勒斯在内的南意大利，并跟加富尔交涉将其献给了撒丁王国。

这好像假设萨摩藩要进行日本统一革命，于是别的藩就把自己的领土送给萨摩藩一样。加富尔的出人意料的手段奏效了。如此这般，"意大利王国"终于诞生了。加富尔当了第一任首相，成为意大利的"颜面"。

以后，加富尔获得了威尼斯等地，统一了意大利。而后，意大利又趁着普法战争把教皇统治的罗马也编入了自己的国家。1871年（明治四年）意大利独立。

原来如此，意大利的统一跟日本的明治维新是在完全相同的时期发生的。但是，跟日本有许多不同之处。

略为相似的是，意大利统一是由撒丁王国这一邦国的首相为中心进行的，这有点儿像日本的大政奉还[①]或片籍奉还[②]。

[①] 1867年11月9日（庆应三年10月14日），江户幕府第15代将军德川庆喜受到萨长同盟缔结的威胁，主动把政权交还天皇，成立以德川家为中心的新政府，实际上德川庆喜仍然掌握政治实权。

[②] 日本政府于1869年7月25日（明治二年6月17日）实行的一项中央集权政策。意指各大名向天皇交还各自的领土（即版图）和辖内臣民（即户籍）。

但是，日本不是以哪个藩主为中心，而是以天皇为中心，通过复古君主制度建立了明治国家。萨摩藩或长州藩没有成为近代日本的中心。这一不同点值得深思。

在不发生武力革命而实现了统一这一点上，意大利和日本有些相似。加富尔和加里波第都不好战，意大利国内也没有发生武装暴动。人们常说什么"日本的明治维新没有流血"，其实问题并不那么简单。实际上，发生了长州征伐和戊辰战争，所以，明治维新也是流了血的。

另外，和意大利完全不同的是，日本的明治维新"没有利用海外的战争"。这与互相连在一起的欧洲大陆各国所具有决定性的地缘政治学因素不同，可以说，日本长期实行的是非外交的方针。这也体现在幕末维新上。

为什么日本没有利用跟海外的战争呢？（或者说是无法利用呢？）对此，需要详细了解日本同邻国——朝鲜半岛之间的关系。接下来，我就讲一下。

密切相关且完全相反的关系
——日韩、日朝的关系史

下面，我们看看明治日本的历史。

在本讲中，主要介绍的是引发甲午战争和日俄战争的明治日本。还有，通过日韩合并，终于获得殖民地的近代日本。

这部分历史的重要性是众所周知的，特别是在了解日本和朝鲜半岛的关系时不可或缺的。我们大致复习一下日韩、日朝的历史。

现在，日本跟韩国、跟朝鲜的关系实在微妙。虽然彼此是距离最近的邻国，却关系不好。一方面，日本有韩流热；另一方面，朝鲜绑架日本人问题迟迟得不到解决。虽然在金大中时代，日韩交流得到加深，韩国电视上的日本节目增加了，但最近两国关系又冷下来了。所谓"在日"问题、"历史认识问题"也一直都在反复。

为什么关系得不到改善呢？正如金两基在《朝鲜泡菜与日本酱菜》中、李御宁在《"萎缩"志向的日本人》中所指出的那样，朝鲜人和日本人在饮食、习惯和文化上，许多价值观和审美观正好相反。

例如，朝鲜泡菜是把各种蔬菜混在一起的，而日本酱菜中，茄子是茄子、黄瓜是黄瓜、白菜是白菜，分得明明白白。还有，在假面具的特征上，日本的能面比人脸要小一些，而朝鲜艺能的假面具则是把人脸全部罩住的。

这样的不同之处非常多。对日朝文化进行比较研究的吴善花常说，记住日文并不难，而日文中的"受身型"（被动式）却令她感到不可思议。日文说，"先生に叱られた"（被老师批评了）"部长に頼まれた"（被部长托付了），却不说"先生が叱った"（老师批评了）"部长が頼んだ"（被部长托付了）。日文的敬语和受身型的区别也难以捉摸。日本人甚至说"仕事をさせていただく"（让我工作）。

朝鲜语不把"泥棒が入った"（进了贼）说成"泥棒に入られた"（被贼进了），也绝对不说"女房に逃げられた"（被老婆跑掉了），而说"女房が逃げた"（老婆跑掉了）。吴善花最开始以为"日本人这么喜欢反省啊"。然而，经过思考，她感到这些流露出了日本社会与文化的特征。

日文是把主体和主语都放在对方一边。以此，让自己退后一步，站在新的位置看情况。这样的特征确实存在。我觉得正是从这里孕育出了"距离"的文化。

而在韩国则相反，原则上必须坚持自我主张，否则，就容易失去社会性。显然，是闯入人家的贼不对，并不是自己家进了贼的人不对。吴善花说，如果像日文那样思维而不强调自我，在韩国社会是无法立足的。

两个邻国的价值观和审美观如果从正面互相碰撞的话，容易引起对方的憎恶，关系不好也是理所当然的。就像法国人和英国人把对方看作"英国老虎狗"和"法国公鸡"一样。

但回想起来，毕竟日本从"倭国"的时候开始，就同百济、新罗等有着密切往来。有时与其中的一部分建立同盟关系，有时好像同一个国家一样。

日本的儒教和佛教，还有当时的高科技以及巫术，几乎都来自朝鲜半岛。将佛像带到日本的正是百济的圣明王。

因此，古代日本和古代朝鲜的关系在东亚这一端，好像跷跷板一样。重要的是，许多人进入了日本列岛。还有许多人进入了朝鲜半岛。苏我氏和秦氏都是这样的部族。以前，把这样的人称作"归化人"。后来因这种说法不好，改称为"渡来人"。我认为两者都不贴切。不如说"一部分混在一起"更好。上垣外宪一的著作《混合日本》就是追溯到古代而对此展开分析的。

那么，关于这样的朝鲜半岛历史，各位读者了解多少呢？朝鲜半岛与日本的关系史又如何呢？例如，乡歌[①]和《万叶集》的关系，禅和朱子学，日韩合并，等等。我觉得，现在的日韩两国彼此并不真正想要了解对方。

但是，日本人至少应该知道7世纪的"白村江海战"和19世纪甲午战争、日俄战争时期的日韩关系。最好用相互记谱的视点。那样就会更清晰地把握大致的历史脉络。

[①] 朝鲜文学史上使用"乡札标记法"的一种国语诗歌形式。"乡歌"的"乡"字是本乡本土之意，以别于唐诗、唐乐。

古代朝鲜的群雄割据

我从古代开始讲起，朝鲜建国的历史是从公元前的"箕子朝鲜"和后来的"卫氏朝鲜"开始的。即"古朝鲜"。

在古朝鲜有叫"檀君神话"的开国传说，这跟日本的神话有几个共通之处。当然也有不同。我感觉，朝鲜神话更富有一种垂直性，反映了古朝鲜国家起源的历史过程。汉武帝的军队入侵古朝鲜，灭掉卫氏朝鲜，设置乐浪郡等四郡。这是众所周知的。

统治掌管这四郡的是叫公孙氏的政权。著有《倭国》（中公新书）和《日本史的诞生》（筑摩文库）等的东洋史专家冈田英弘认为，当时在朝鲜半岛定居着古代中国叫"燕"的部族的一部分。

后来，在现在朝鲜的内陆地区建立了"高句丽"，统治了包括今天的平壤在内的地区。4世纪，建立了"百济"和"新罗"。正值中国汉朝势力走向衰落（前汉和后汉）、进入了动荡的三国时代，中国没有余力顾忌朝鲜半岛。在那以前，中国的秦朝建立巨大的郡县网络以维系帝国，随着改朝换代，郡县制开始衰落，而周边部族的势力迅速强大起来。接着，后汉灭亡，开始了三国时代。

日本的卑弥呼派遣使者向三国之一的"魏"朝贡。这在有名的《三国志·魏书》的倭人传中有记载。三国是指，《三国志》的魏、蜀、吴三国。

随着在朝鲜半岛南部出现了一些松懈，"马韩、辰韩、弁韩"等小国建立起来，各自拥有十几个大村落。其中，马韩部落与日本文化有些因缘。例如，"苏塗"。苏塗是在土堆上立起木头，在木头上面挂上铃或太鼓。这跟日本的神籬或各地祭祀活动时的装饰极为相似。

后来，辰韩部落被新罗吞并，弁韩部落被百济吞并。有人推测，辰韩部落之一的斯罗国成为新罗的核心，弁韩部落的伯济国成为百济的核心。我想，那时被称为"分为百余国"的日本（倭国）的状态，与马韩、辰韩（新罗）、弁韩（百济）的状态，有很多是混合在一起的。日本是分立的倭国，朝鲜是分立的朝鲜。

后来，高句丽的势力大增并开始南进，与百济发生冲突。在日本，北九州一带的势力自濑户内海和山阳山阴道东上，试图进入畿内[①]的时候，也发生了多次冲突。日本武尊的传说就源于此。虽然作为史实记载不详，但是"神武东征"的东征就

[①] 指京畿区域内的五个令制国，又称"五畿"。

是那时的故事。

4～5世纪的日本是建立在与朝鲜半岛的同盟的基础上的。

朝鲜半岛也同样在这一时期开始了各种联合与对立，并日益复杂化。高句丽的军事扩张为其对手带来新的威胁。有此记载的是有名的"高句丽好太王之碑"。但事态变得极为复杂。当然，用不同的主语来讲述日韩历史，面貌都是不同的。俯瞰地图，在高句丽、新罗、百济、倭国之间确实尝试过建立多个同盟（组合）。

这就是从4世纪到5世纪的概况。日本的5世纪是所谓"倭之五王"时代。附带说一下，最近有学说主张，出现"倭之五王"的王朝是河内王朝，即在难波建立的有仁德天皇血统的王朝。

在朝鲜半岛的战败催生了"日本"

进入6世纪,新罗渐渐强大,统一了位于朝鲜半岛南端的加耶部落,完全占有洛东江流域。

加耶在文献中被写作"伽耶"或"任那"等。以前的日本史教科书中说,曾经有过"任那的日本府"。加耶被新罗统一的时候,百济曾经向日本求援。

然而,形势发生了变化。中国相继出现了"隋""唐"两大帝国。唐太宗企图征服高句丽,却不得手,因此,第3代皇帝唐高宗与新罗联手出兵高句丽。高句丽不得已联合百济共同对抗。而百济却向日本求援。

唐朝和新罗的联军极为强大,660年百济大败。当时的日本是什么时期呢?中大兄皇子实行大化改新是645年。在这一时期统治日本的是,女帝齐明天皇。她是天智、天武兄弟的母亲。齐明天皇性情倔强,为了扩张大和政权,命令阿倍比罗夫讨伐虾夷和肃慎,实行扩张计划。

这时,百济惨败。因为日本已经在百济拥有几处据点,齐明天皇不甘心就此罢休，将百济方面的残存势力收进了日本。

齐明天皇要亲自前往北九州指挥全军，却在筑紫的朝仓宫驾崩。中大兄皇子即位，也就是天智天皇。但因准备不够充分，驻扎在白村江的水军遭到唐朝和新罗联军的反击，全军覆没。这就是663年的"白村江海战"。

这次战败，在日本历史上具有决定性意义。日本和外国实际交战却战败，这一结果完全改变了日本的方针。说得夸张一点儿，其意义与日本输掉太平洋战争相匹敌。白村江战败后，日本终于开始成为"日本"了。那就是天武天皇时代。

以后，除了丰臣秀吉抱有称霸大陆的野心以外，日本未曾向外国挑衅发动战争，而且未曾把海外的战局作为寻找出路或制定政策的选项。然而，到了明治日本，则发生了重大转变。日本开始采取跟列强同样的手段进行扩张。

书归正传。在朝鲜半岛，新罗于668年灭掉了高句丽。因高句丽灭亡了，唐朝一边鼓掌叫好，一边在现在的平壤设置了安东都护府，试图打败新罗并置其于唐的统治下，却遭到了新罗的抵抗。

是新罗最早统一了朝鲜半岛。新罗把佛教作为国教，即护国的佛教。这就是"新罗佛教"。佛教文化对日本而言也是非常重要的。三论宗、律宗、涅槃宗先行，圆融宗、华严宗、法性宗继后。还出现了海东宗、神印宗等独特宗派的萌芽。现在仍保留着佛国寺等。很多读者可能去过吧。新罗统一后，禅宗也得以普及推广。

新罗统一后发生了短期的群雄割据。10世纪中叶,豪族王建接受了新罗王的投降,再次统一。韩国的英文国名"Korea"的语源是"高丽"(首都为开城)。高丽意为"不好战乱之国"。在中国进入宋朝以后,高丽向宋朝派遣使节,而成了宋朝的册封国。并引进了科举考试制度和朱子学。

科举考试合格后,官僚分成文班(文官)和武班(武官),被称为"两班"。两班分成18个等级,按等级分得耕种用的田地和获取燃料的土地(柴田),即"田柴科制"。两班在后来的朝鲜社会一直都是具有特征的人事制度。

文化兴盛的李氏朝鲜时代

　　高丽继续了 400 年，中间有过武官当政时期。意味深长的是，这与源赖朝[①]在日本建立武家政权的时间竟然完全相同。崔忠献将军[②]如同"高丽的源赖朝"。

　　但是，因受到蒙古的猛攻，始于崔忠献的武家政权只持续了 60 年。这是朝鲜和日本最大的不同之处。除此以外，武士的势力未曾强大过。在两班中，文班比武班更有实力。

　　高丽在文化方面繁荣丰富。完成了被称为"高丽版大藏经"的硕大佛教经典数据库，铸造了世界领先的金属活字，建立了高层次的文化基础。在仁宗、毅宗、明宗时代，还发展了瓷器制造业，以宋瓷为基础，研制出具有独创性的高丽青瓷。素文青瓷、象嵌青瓷、辰砂青瓷等都极为出色。到了李朝，形成了白瓷之美，精炼得静寂至极。

[①] 1147—1199 年，日本平安时代末期至镰仓时代的武将、政治家。镰仓幕府首任征夷大将军，也是日本幕府制度的建立者。

[②] 1149—1219 年，高丽王朝的重臣。1196 年起掌控了整个高丽朝廷。

在高丽时代，中国从宋朝经元朝、进入了明朝。发誓隶属中国的高丽一直都前去朝贡，甘当册封国。却没有跟蒙古人统治下的元朝搞好关系。为此，高丽国内的元派势力和明派势力之间发生纠纷，开始陷入混乱。

在这样的背景下，1392年李成桂建立了"李氏朝鲜"。首都设在汉城（现在的首尔）。

李氏朝鲜这一称呼是为了区别于古代朝鲜的通称，实际是"朝鲜王朝"，或省略为"李朝"。在日本常说"李朝"。

李朝引进朱子学。如上所述，李朝极其重视儒教理念，好像"小中华"。实际上，当时李朝的两班把自己的国家自豪地称为"东华"（东方中华之国）或"小华"（小中华之国）。

小是小，但因是真正中华思想的版本，所以，朝鲜非常自豪。在朝鲜，有"事大"这一说法（还有叫"事大党"的政党，在下文会提及）。在朝鲜的社会思想中，堂堂正正地与中国的王朝（当时是明朝）面对面，就是"事大"。朝鲜的事大主义指李氏朝鲜的对华政策，跟日本的事大主义不同。

为此，李氏朝鲜蔑视不讲究儒教的邻国，比如，看不起朝鲜半岛东北部、日本、琉球等。这一倾向至今仍然残留在韩国人的民族感情中，从而影响着他们如何看待日本。

现在韩国所有媒体使用的朝鲜语，是在15世纪李朝创制的。本来朝鲜社会跟日本一样没有固有文字。因此，借用汉字的音和训,使用"吏读"①和"乡札"②叶假名一样,却没有变得像日本这么发达。特别是朝鲜的识字率比日本低。于是,世宗为不认识汉字、汉文的普通百姓,下令创造了由17个辅音字母和11个元音字母组合而成的28个文字(现在是24个)。

  这是具有划时代意义的大胆的文字革命。与日本的假名不同,是把发音记号编入文字之中。由此,朝鲜语的口语表现力变得极其丰富。这一点跟日本的假名相同。但是,跟假名不同的是,朝鲜语没有笔记体。日本的假名中,平假名有"简笔字",而片假名没有笔记体。所以说,在这一点上,朝鲜文字跟片假名相似。

  然而,朝鲜语跟片假名的不同之处在于,设计得十分科学。看文字的形状就能发音。这或许是世界上最科学最合理的文字。因此,又被说成没有趣的文字。因为朝鲜文字如此具有划时代意义,世宗令人编写了小册子《训民正音》以普及文字,结果却没有成功。

  因为重视儒学的两班把这些文字当成俗字而没有使用,朝鲜文字难以被用于正式的文书、教科书中。也就是说,没有成为正字(国字)。为此,俗称"谚文"或者"谚书"。

  即便如此,朝鲜文字在普通百姓,尤其是女性之间渐渐普及,崔世珍编写了《训蒙字会》后,朝鲜文字逐渐被国字化了。朝鲜语与汉字的同时使用了一段时间后,1896年发行了只

---

① 是朝鲜文创制前借用汉字的音和义标记朝鲜语的一种特殊的文字形式。
② 是以汉字记录朝鲜语的方法之一。主要用于新罗时代的歌谣"乡歌"的记录。

使用朝鲜文字的《独立新闻》，朝鲜文字开始迅速普及推广。在现在的朝鲜半岛，书写是以朝鲜文字为中心。

说句题外的话，我有5本著作被翻译成朝鲜语在韩国出版。这些书都是朝鲜文字，几乎没有汉字。我知道是自己的书，却有一种奇怪的感觉。虽然朝鲜民族也曾经使用过汉字，但是，我使用大量汉字写的日文原著被翻译成现代朝鲜语后，大部分是用朝鲜文字组版的。现在韩国的报纸和书籍中，只出现极少数的汉字。对此，我还是认为增加一些汉字会更好。

李朝文化有一种独特的设计感觉。"李朝家具""李朝陶瓷""李朝民画"都非常有情趣。这些跟朝鲜文字不同，我们日本人一目了然。

其中，包括井户茶碗等生活什器，被大正、昭和时代的柳宗悦称赞为"民艺"模范的原点。既有柳宗悦所说的"无名之美""无事之美"，又有被称为"未生之美""闲相之美"的感觉。

李朝文物的特征是找不到任何晦涩难解之处。简朴素雅，说通俗易懂，却带有一种不可言喻的深奥。这跟韩国茶道与日本茶道的不同之处是相通的，令人浮想联翩。

我最初是被李朝民画所吸引，接着，对李朝陶瓷和李朝家具等产生兴趣的。最近，我常常欣赏李朝的山水画，确实跟中国的水墨山水画和日本的山水画不同。我把一部分观点写在《山水思想》（筑摩学艺文库）一书中，有机会的话，请读一读。

明治日本强迫朝鲜"开国"

我在追述朝鲜半岛的历史变迁，说着说着不由得离题了。李朝一直持续到近代。中间发生了上述的丰臣秀吉远征朝鲜半岛的事件。

这一远征显而易见是侵略。这一点还是承认为好。在日本史中，把丰臣秀吉的这一战争称为"文禄战役、庆长战役"。而在朝鲜史中，却被称为"壬辰丁酉之倭乱"。在这场战争中，日本方面是小西行长、加藤清正、黑田长政等分兵三路进攻，一个月就攻陷了汉城和平壤。但是，在那以后战局却发生了逆转。

朝鲜方面，在庆尚道举兵起义的郭再祐、向全国的佛教僧发出号召的西山大师休静等开始率兵反击。特别是李舜臣率领水军把丰臣秀吉的军队打得惨败。不但在韩国而且在朝鲜，李舜臣至今仍被奉为救国英雄。

日本有这样的轶事。在日俄战争中击败俄国太平洋第二分舰队的东乡平八郎，受到各国列强的热捧。但是，东乡平八郎说："如果把我跟击败拿破仑军队的纳尔逊勋爵相比较，我会感到极为荣幸。但我远远不如李舜臣。"

各位知道在日本历史人物中，韩国人最讨厌的是谁吗？就是丰臣秀吉和伊藤博文。对，就是铜像被立在日本国会议事堂中的那个伊藤博文。

为什么伊藤博文那么被讨厌呢？因为他曾任"韩国统监府（后朝鲜总督府）的统监"。他是日韩合并的象征。因此被暗杀。日本人需要了解这一事件，并在此基础上，正视近代日本和近代亚洲。这个话题我放在后面讲。

近代朝鲜与日本的幕藩体制同样，逐渐走向封建社会的尽头。19世纪60年代，民众对社会的不满情绪高涨，以叫"东学"的结社为中心，在"后天开辟"口号下，"惩办贪官污吏""斥倭斥洋"的呼声高涨（名为东学党，意为对抗"西学"）。

这跟幕末的日本相似，当时的朝鲜面临着一触即发的危机。1863年（文久三年），哲宗王驾崩，没有能即位的亲生儿子，于是，年少的高宗即位。政治实权掌握在其父亲兴宣大院君李是应手中。这就是所谓"大院君"时代。也正值列强的黑船逼近日本的时候。

这段历史跟日本的幕末维新既有相似之处，又有不同之处。日本是被列强逼迫"开国"的；而李朝因为仍然处于中国的册封体制当中，所以是被明治日本逼迫"开国"的。

终于把话题讲回近代了。从此以后，近代日本的国民国家成为俎上肉。在东方卷第7讲，我先讲中日甲午战争和日俄战争的背景，然后讲朝鲜半岛的下文。

第八讲 明治日本与瓜分非洲

石川啄木所处时代的闭塞与方向

　　誰そ我にピストルにても撃てよかし、伊藤のごとく死にて見せなむ。
　　谁给我也来一枪，我要像伊藤那样死给人看。

　　这是石川啄木的和歌。"如伊藤"中的伊藤就是1909年10月26日在哈尔滨车站被安重根暗杀的伊藤博文。这首和歌中说要像伊藤那样死给人看，表达了十分复杂的心情。
　　21世纪的我们如何看待明治时代，这是非常重要的问题。明治时代已经建立起来了天皇制、议会制度和近代工业。产业革命和资本主义都是从此开始的。日本经双标准洗礼是在那以后。至今，明治仍然是历史的现在。但是，石川啄木控诉日本的"时代闭塞的现状"，可惜他死于明治末年，未满27岁。他未能亲眼目睹明治后来的走向。
　　石川啄木对当时的青年不是患"自我主张病"就是患"自我否定病"而感到愤怒和失望。比之现代的日本青年，不管是

"自我中心"还是"缺乏自我",仍然和那个时代有完全相同的症状。然而,石川啄木的要求有些与众不同。他为只能说"国家必须强大。我们没有任何理由阻止国家强大。但是,帮助国家强大的不应该只是我们。"这样的话,而叹息。

在《时代闭塞之现状》一文中,他这样写道:"我们日本青年对前所未有的强权没有任何固执己见的表现。"还写道:"在把一切'既成'都置之不顾的环境下,让我们用自己的力量来建设我们的新天地是根本不可能的。"

在这里石川啄木所说的"既成"是指"过去"和"历史"等,已经发生的各种事件的集合,就是"既成"。他认为,如果青年不融入其中,日本就没有未来。明治的45年间所发生的"既成"中有极为重要的内容,但青年们却不想学习吸收。对此,石川啄木感到气愤。他认为,这样下去的话,"时代闭塞的现状"会一直继续下去。他的观点至今仍适用于平成的日本。

石川啄木于1886年(明治十九年)出生在岩手县日外村的叫涩民(现在的玉山村)的贫困村,初中退学去了东京。在涩谷道玄坂的与谢野铁干[①]里一边打杂,一边学习诗歌创作。与谢野铁干时任文艺杂志《明星》主编。那里还有迷恋铁干而闯进来的与谢野晶子[②]对石川啄木等人十分关照。那是1902年(明治三十五年),已经进入了20世纪。

石川啄木3岁时,日本以"大日本帝国"的名义,召开帝国议会,启动了以《大日本帝国宪法》为基础的内阁。第一任内阁首相是伊藤博文。宪法被称为《钦定宪法》,即"主权在

[①] 1873—1935年,日本浪漫主义诗歌"明星派"的代表诗人。
[②] 1878—1942年,日本诗人、作家、思想家。

君"。内阁是天皇的辅弼机关，国民是臣民。

石川啄木 8 岁时，日本帝国以朝鲜半岛为战场打赢了甲午战争，伊藤博文和外务大臣陆奥宗光与中国清政府全权大使李鸿章签订了马关条约，获取辽东半岛和台湾，却立刻受到德国、法国、俄国的干涉（三国干涉），归还了辽东半岛。但是，辽东半岛成为俄国的租借地。

当石川啄木到了与谢野铁干和晶子那里的时候，正值许多日本人对俄国的行径发出愤怒的呼声。果然，俄国以镇压义和团事件后的北京议定书为借口，企图入侵满洲。看到这一交战机遇，日本帝国跟对非洲插手过多而无暇顾及亚洲的英国结成日英同盟，着手备战。那时，石川啄木第一次在《明星》上发表了作品。

日本国内因日俄开战而欢欣鼓舞，东京帝国大学的户水宽人和学习院的中村进午等 7 人是对俄强硬派，积极发表主战论。而幸德秋水、堺利彦和内村鉴三则在《万朝报》和《平民报纸》上发表非战论，与谢野晶子发表了反战和歌《勿要赴死》（《君死に給ふことなかれ》）。

　　あゝをとうとよ、君を泣く、君死にたまふことなかれ、
　　末に生れし君なれば　親のなさけはまさりしも、
　　親は刃をにぎらせて　人を殺せとをしへしや、
　　人を殺して死ねよとて　二十四までをそだてしや。
　　啊！弟弟，我为你哭泣，勿要赴死。

你身为雁序最末之子,深受父母宠爱。

莫非教你去用刀杀人?

岂能杀人亡命,辜负二十四载养育之恩?

与谢野晶子生了12个孩子养大了11人。只有她才能写出这样百感交集的反战和歌。这震撼了石川啄木。

但是,日本在日俄战争中赢得胜利,实现了日韩合并,成功地将朝鲜半岛变成了自己的殖民地。接着,伊藤博文当选为朝鲜总督府总监。伊藤博文死后,随着乃木希典夫妇自杀、明治大帝崩御等事件的发生,一个时代就落下了帷幕。同一时期,不到27岁的石川啄木身患重病,满怀郁愤地走到了生命的尽头。

"战争与文化"的明治
——日本帝国未能重建"日本"

在东方卷第 7 讲中,需要回忆一下明治时代的历史。石川啄木所指的"既成"到底是什么,我沿着这个思路讲下去。

明治时代在日本全史之中也是特别引人深思的。尤其是这一时代的人物都不平凡。最初有萨长土肥的有司专制政治,接着,从自由民权运动到政党出现,从宗教家到文人,出现了许多有远见卓识的人才。

例如,从岩崎弥太郎、涩泽荣一到三井的益田钝翁、大仓喜八郎等实业家;幸田露伴、樋口一叶、森鸥外、夏目漱石、泉镜花、坪内逍遥等文学家;德富苏峰、三宅雪岭、陆羯南、志贺重昂等日本主义学者;从田中正造到幸德秋水、堺利彦、大杉荣等青年社会主义学者;植村正久、海老名弹正、新渡户稻造、内村鉴三等基督教学者;津田梅、岸田俊子、福田英子、矢岛楫子、平塚雷鸟、与谢野晶子等女社会活动家。

还有,清泽满之、岛地默雷、井上圆了、近角常观、晓鸟敏等佛教改革家；从高桥由一、黑田清辉、狩野芳崖到竹内栖凤、菱田春草、横山大观、安田靫彦等才华横溢的画家；还有北里柴三郎、志贺洁、高峰让吉、铃木梅太郎等科学家；伊泽修二、泷廉太郎等音乐家。总之，这一时代的杰出人物不胜枚举。

即使如此，但我一直认为，把明治时代的本质概括成一句话，就是"战争与文化"。上述人物们就是积极地投身于如此的"战争"与"文化"中的。他们时而满腔愤怒，时而沉着冷静，时而痛苦烦恼。

战争是指戊辰战争、西南战争、甲午战争和日俄战争。

其中，前两场是国内战争，后两场是对外战争。那以后，日本占领台湾，吞并韩国。明治时代一直是战争的时代。司马辽太郎在小说中把明治时代描写成走向《山坡上的云》的时代。

"战争与文化"的文化所涵盖的是从文学到工艺，范围之广，不能一概而论。例如，艺术、教育等。在担任菲诺洛萨[①]的助手后，冈仓天心创建了东京美术学校（现在的东京艺术大学），并于1890年（明治二十三年）任校长。冈仓天心发明了"日本画"这一概念，并在东京美术学校创设了日本画科。

那以前没有过这样的说法。一直称为大和绘（倭绘）或者国画。冈仓天心加了"日本"二字予以新的名称。但是，几年后他被赶出了东京美术学校日本画科，带着横山大观和菱田春草等几人，跑到茨城县的五浦，揣摩绘画技法，准备卷土重来。那时的日本画至今更加光彩迷人，当时被戏称为"朦胧

---

① Ernest Francisco Fenollosa, 1853—1908年，美国东洋美术史学家、哲学家，为日本美术的评论及推广做出了贡献。

画""幽灵画"。被认为是将大和绘的技法和西洋画的技法暧昧地混合在了一起。

那时,作为日本帝国的明治政府还没能重建"日本"。"日本画"的确立是,日本美术院等继承了冈仓天心的远大志向,经过30多年的努力,才得以实现的。

同样,基督教学者内村鉴三也有过相似的经历。内村鉴三毕业于札幌农学校,在美国的安默斯特学院、哈特福学院从事侍奉活动期间,对过于功利的美国式基督教感到失望。对只有自我主张的新教伦理也感到失望。

内村鉴三回到日本后,在高中谋到教职,却因拒绝在明治天皇的御影(天皇的照片)前敬礼而遭到解雇。内村鉴三在烦恼中开始思考"两个J"。一个是"耶稣基督(Jesus)的J",另一个是"日本(Japan)的J"。内村鉴三决心,即使自己的身体被撕裂也要维护这"两个J"。但是,周围的人完全不理解他说的日本式基督教。

内村鉴三在英文著作《日本及日本人》、后来的《日本人的代表》中称赞了五个日本人,说他们都是"我们的圣洗礼之师"。日莲、中江藤树、二宫尊德、上杉鹰山、西乡隆盛。其中没有一个是基督教徒。至于日莲则是虔诚的佛教徒。但内村鉴三把他们看作与基督教精神相媲美的日本人代表。

内村鉴三的见解未能得到广泛接受。这暗示着在明治时代真正的"日本"还没有确立。因此,有的艺术家放弃了这样的"日本"。例如,野口米次郎就是其中之一。他是世界著名彫刻家野口勇的父亲。野口米次郎18岁到美国,以后成名了。后来儿子野口勇曾经因憧憬日本而受到父亲的责怪,为此烦恼过。

然而，出人意料的是，石川啄木非常崇拜野口米次郎，甚至要追随野口去美国。石川啄木在给友人（姐崎正治）的信中写道："我非常想去有落基山脉的自由之国，夜夜陷入沉思。"就是要放弃闭塞的日本，前往美国。石川啄木没能去美国，他走出盛冈附近的涩民村，到了东京，事态依然如旧。他的心情变得"眼望阴沉沉的天空，有一种想害命的冲动"。

石川啄木在《林中书》一文中写道："日本的教育就像不能住人的美丽建筑。换句话说，日本的教育就是木乃伊。""必须破坏小学教育。"

冈仓天心、内村鉴三、石川啄木是对什么抱有不满呢？那就是，截至当时日本帝国还没有成为"日本"。即便如此，他们还是希望日本能成为杰出的国家。有这种想法的不仅是这三人。森鸥外、夏目漱石、德富苏峰、泉镜花也一样。

甲午战争开战时，日本国内一片沸腾。而三国干涉发生时，日本国内一片愕然。知识分子也对列强的做法表示愤怒。但是，"战争与文化"的明治时代并没有建立起"日本"的体制。针对日俄战争，出现了主战论和非战论。但是，当连合舰队在对马海峡击败波罗的海舰队后，日本国内一阵狂喜。即便如此，好像大家都没能成为"日本人"。

因此，冈仓天心、内村鉴三、石川啄木不得不感到"遗憾"。是因为明治日本过分忙于战争呢？还是因为明治文化不发自真心呢？这需要好好思考。

日本"开国"，作为国民国家与列强为伍加入国际社会。这些都是不可阻挡的。可以说，这些抉择影响至今。我们需要把明治和现在相互记谱，确立编辑型世界观。

从德川时代到明治时代，日本从"锁国"转向"开国"，甚至发动了对外战争。下面，我来讲一讲"两场对外战争"。问题的本质会更加鲜明。

为什么日本垂涎朝鲜半岛？

甲午战争和日俄战争这两场战争，从日本方面来看，是"围绕确保朝鲜半岛的战争"；从列强各国方面来看，是"围绕东亚和东北亚权利的战争"。在这些列强之间，俄国手中的牌是最好的。

之所以俄国与东亚和东北亚有关，是因为俄国要得到位于符拉迪沃斯托克以南的不冻港，一直在瞄准比鄂霍次克海温暖的滨海边疆州和日本海。1858年俄国用武力威胁清朝在黑龙江（阿穆尔河）的地方港，和清政府签订了《中俄瑷珲条约》。符拉迪沃斯托克的原意为"统治东方"。

这对日本而言是一种威胁。为此，明治政府立即采取"北方国境"的对策。1870年（明治三年）开设北海道开拓使厅（开拓使于1869年开设、开拓使札幌本厅建筑于1873年完工）。1875年（明治八年）日本和俄国签订了《千岛桦太交换条约》，解决了两国之间的悬案。

虽然明治政府主张，桦太自间宫林藏探险以来就是日本领土，但是，因为俄国人迁入此地垦荒要更早，所以俄国对桦太寸步不让。移民和迁入垦荒，在这种时候可以作为证据。因此，明治政府提出了出让桦太的同时占有千岛列岛的条件，交涉成功。

不仅北方。关于"南方国境"琉球，在德川时代，琉球在萨摩藩的管辖之下，同时向清朝朝贡。1874年（明治七年），维新政府向台湾出兵，让台湾承认了琉球是日本领土。1879年（明治十二年），又在废藩置县的同时，断然实行了废琉置县，废除琉球王而设置冲绳县。

明治政府之所以出手如此之快，是因为作为近代国家，"确定领土"在国际上最为重要。这是地缘政治学的第一步。

在哪里划国境是国家面临的最大课题。相反，领土问题永远都愈演愈烈，这是"近代国家"或"国民国家"的宿命。因此俄国也不肯让步。现在，北方领土问题仍然是日本和俄罗斯（以前是苏联）之间悬而未决的问题，其理由正在于此。不仅北方领土，现在的日本在竹岛、钓鱼岛（尖阁群岛）的领有权问题上仍然很棘手。

俄国手中的牌是什么，对明治日本而言至关重要。这对其他列强各国而言，当然也是最关注的事。各国已经一齐插手亚洲市场，因此，都希望维护并扩大自己的权利。资本主义国家就是，一旦染指"市场权益"就不会轻易放过。

另一方面，日本帝国要与列强为伍，就必须既增强产业实力参与市场竞争，又增强军事实力拥有殖民地，还必须拥有权益。虽然这不是大家的愿望，但是，坚决实行明治维新，是日本和美英法等国签订通商条约的结果，而这些条约是不平等条约，因此只有向着取消这些不利条件的方向迈进才行。

就这样，日本把目光瞄准了朝鲜半岛。那以后，日本帝国对朝鲜半岛极为重视，并构想将其纳入大日本帝国治下。"两场战争"都是以朝鲜半岛问题为起因的。而这跟俄国瞄准的目标正好一致。

朝鲜被炮舰打开了国门

正如第 6 讲所述，对日本历史而言，朝鲜半岛具有重大意义。对日本来说，朝鲜半岛是亚洲文化和技术的窗口，这是不言而喻的。我认为，更为重要的是朝鲜的各王朝具有"非侵略的性格"。

这与日本"锁国"了近 250 年，使日本文化得以充实发展有密切关系。如果朝鲜是好战的，那么，日本是无法"锁国"的。正是因为朝鲜民族具有不好战、非侵略性的性格，日本才有幸获得了一个长期安泰的大缓冲时期。但是，在这样的朝鲜受到列强威胁时，又如何呢？日本的脚本发生了很大的变化。

后来，在 20 世纪 50 年代，由于美国的介入，爆发了朝鲜战争，南北朝鲜分裂。列强（美国）的威胁成了可怕的现实。那时，日本按照美国的指示成立了自卫队（警察预备队）。

明治初期，很多日本人认为，威胁朝鲜安全的一定是俄国。江藤新平是制定明治司法制度草案的中心人物，后来跟西乡隆盛等人同时下野，最后因反抗明治政府而被斩首。这一悲剧人物关于东北亚战略有过这样的主张:"如果朝鲜被俄国统治,日本则危如累卵。"

日本这个"卵"有可能被击碎。江藤新平这样说。俄国的势力有可能涉及朝鲜半岛,这一骇人的传闻迅速蔓延。当然列强也对此有所察觉。

早在1866年(庆应二年),美国的武装商船"舍门将军"号(General Sherman)就顺大同江而上,入侵至平壤附近。同一年,法国的东洋舰队逼近了江华岛。这些船舰受到港湾附近的商人和民众的坚决抵抗。在这方面,朝鲜民族相当顽强,是"不怕挨打"的民族。

列强感到,这样下去的话,不可能轻而易举地让朝鲜开国并实现通商,不如把这个角色交给与列强为伍的日本,让日本去完成这个任务。日本则因机会竟然来得如此之快而窃喜。

于是,1875年(明治八年)明治政府把军舰"云扬"号派到朝鲜沿海,装作测量,着手防范朝鲜近海事态变化。然后,日方声称补充饮用水而接近江华岛。这显然是擅自挑衅的行为,跟黑船逼近日本列岛的作法如出一辙。李朝加强了海岸部队的防备,向"云扬"号开炮。

日本以此为借口,逐渐加强对李朝的军事威胁,做出"逼迫开国"之举。这正是把自己因佩里的黑船而被迫开国的教训,作为战术实际应用在李朝身上。

这就是"炮舰外交"。扮演佩里这一角色的是特命全权大使黑田清隆。他轻而易举地得手了。1876年(明治九年)明治政府和朝鲜王朝签订了《日朝修好条规》(也称江华岛条约)。

当然是不平等条约,结果,李朝开港釜山、元山、仁川。

朝鲜半岛就这样被日本逼迫"开国"了。日本向列强报告说,朝鲜不是清朝的属国,而是"独立国",以此抬高日本帝国的身价。为日后的甲午战争做好了准备。

甲午战争的原因Ａ，Ｂ，Ｃ

且说，甲午战争是日本和清朝之间的战争，然而，有三个主要原因互相交错、互相影响。我把原因分成ＡＢＣ，做一下相互记谱。

原因Ａ是清朝的原因，原因Ｂ是朝鲜内部的对立的原因，原因Ｃ是日本的原因。

原因Ａ跟清政府着手的"洋务运动"有关。"洋务运动"积极从欧洲引进军事技术和生产体制等，是以镇压太平天国军的曾国藩、李鸿章等汉人官僚为中心的自上而下的改革路线。因为清朝曾在鸦片战争中遭到惨败，有如此文明开化的举动也是理所当然的。

但这体现在洋务运动的口号"中学为体，西学为用"上，即"用中国的学问修养身心，用西方的学问对应世事"，将儒家的官僚主义同西方的先进科技相结合的色彩很浓，还略欠突破力。相比之下，日本有佐久间象山所说的"东洋道德、西洋艺术"，还有明治维新时的口号"和魂洋才"。我感觉中日略有不同。

总之，通过实行洋务运动，清朝决心坚决反抗列强。清朝被世界称为"熟睡的狮子"，却到了该醒来的时候。尤其不允许向日本妥协。

原因B是以在朝鲜国内的霸权争夺为起因而出现的复杂形势。一方是以大院君为中心的势力，主张与清朝联合对抗列强；另一方是闵氏的势力，主张接近日本，进行类似明治维新的改革。两者之间争夺政权。

李朝早在开国以前就有锁国攘夷派和开化发展派之间的对立。因《日朝修好条规》，双方的对立更为激化。亲清派和亲日派混在这一对立之中，酿成了一系列事件。先是攘夷派的大院君策划暗杀闵氏一派的重要人物，烧毁日本大使馆（壬午兵变，又称壬午军乱）。接着，开化派的金玉均等人在日本的援助之下策划颠覆政权（甲申政变）。

前者壬午兵变是1882年（明治十五年）在汉城发生的。驱逐了闵氏一派，袭击了跟闵氏有勾结的日本公使馆，而且推戴大院君上台执政。但是，这一兵变在清政府洋务派和日本明治政府的介入之下，立即被平定下去了。结果，大院君垮台，闵氏复活。

后者甲申政变是1884年（明治十七年）末由激进派发动的流血政变。这一军事政变计划以日本明治维新为模式，试图拥戴年轻的高宗建立政权。提倡"三和主义"，主张缔结日本、中国、朝鲜的三国同盟，并组织了叫"忠义契"的政变队伍。

日本公使竹添进一郎得知这一计划后，许诺对其进行援助。这场军事政变秘密进行并取得成功，宣布建立新政府。随即遭到清朝军队的镇压。那时日本看到形势不利，按兵不动。这一判断后来受到指责。结果，金玉均和朴泳孝等人流亡日本。

这两次政变的失败说明，在朝鲜，自上而下的改革难以成功，不会发生像日本那样的明治维新。令人惊愕的是，两次政变都被清朝的军队镇压下去。通过洋务运动，清军竟然变得如此强大。

对此，日本慌了。暂时与清政府签订了《天津条约》，承诺日清两国都从朝鲜撤军，约定出兵时一定相互通告。事态发展到这一阶段的原因是，朝鲜一直把中国视为宗主国，总是在册封体制中保持着宗藩关系。有关册封，请参照东方卷第4讲。

经历了如此这般的挫折后，朝鲜社会放弃维新型改革，转为把赌注压在自下而上的改革上。这就是"甲午农民运动"（东学党之乱），是自下而上的攘夷运动。农民军领袖是叫全琫准的英雄人物。农民暴动蔓延到各地，不但成立了东学教团，甚至还发展到向闵氏政权提出各种改革要求。

于是，闵氏请求清朝出兵相救。袁世凯立即答应，马上派出驻扎在汉城的清军。从此，事态发生了180度转变。日本以同时出兵的承诺为借口，派出军队。就这样，试图把朝鲜半岛与列强隔绝开来的日清两国共同出兵，轻而易举地平息了甲午农民运动。

接下来，以朝鲜半岛为舞台，日清两国的军队再次对峙。此时，甲午战争的导火索已被点燃。

原因C是日本以平息朝鲜的骚乱为名，把大军派往朝鲜半岛。1894年（明治二十七年）7月25日，日本海军在丰岛附近海域对清朝舰队开始炮击，双方开战。这显而易见是奇袭。明治天皇正式下诏宣战是一星期后的8月1日。可能后来的珍珠港事件效仿的就是这一做法。

紧接着，日本在广岛设立大本营，一边煽动国民的"爱国热情"，一边投入用近代装备武装的陆军部队和用小型高速军舰编成的海军部队，对抗清朝由李鸿章率领的北洋军。日方第一军司令是山县有朋大将，第二军司令是大山严大将。日军相继攻陷了北洋军的据点旅顺口和威海卫，日本国内一片沸腾。因为一下子就打倒了"熟睡的狮子"。

在日本，不仅民众，就连许多知识分子也很兴奋。其中有正冈子规、德富苏峰、福泽谕吉。福泽谕吉在《时事新报》上呼吁国民踊跃捐款积极援军。当然，报纸也在煽动战争热。连《平民新闻》的社会主义思想家堺利彦也表示支持战争。当时，知识分子和报纸究竟描绘了怎样的日本愿景呢？

日本终于作为近代国家发动了跟列强一模一样的战争。日本到底成了"不辞战争的国民国家"，大家都为此欣喜若狂。我认为明治时代的大多数国民都是这样的。

脱亚入欧与集体自卫权

日本发动甲午战争的理由是什么呢？

明治日本建立内阁制度以后，颁布了《大日本帝国宪法》，召集了帝国议会，并以君主立宪制为基础，建立起了由内阁和政党构成的议会政治体制。这奠定了"近代国家"的基础。也就是说，具备了作为国民国家的条件，足以向列强炫耀。

甲午战争开战是在第一届帝国议会召开4年后。关于不平等条约，交涉屡经挫折，仍然无法废除。但日本已经具备作为国民国家的阵容。国民国家可以做什么呢？我已经重复说了很多遍，那就是可以战争。

有记载说，金子坚太郎曾经对天皇、伊藤博文和山县有朋说："虽然土耳其失败了，但日本会成功的。"金子坚太郎生于福冈，是和伊藤博文、井上毅、伊东巳代治一同起草《大日本帝国宪法》的成员之一，曾在哈佛大学留学过。金子坚太郎断言道："奥斯曼帝国虽然比日本早14年制定了宪法、召集了议会，却因在俄土战争中惨败而错过了确立近代国家方向的机会。但是，日本会成功的。"

众所周知，福泽谕吉提出了"脱亚入欧"这一口号。一般认为，他的意思是"舍弃亚洲，学习欧洲"，但实际如何呢？我所关心的是，如今的日本人和政治家如何看待这一思想。

为什么福泽谕吉说要舍弃亚洲的话呢？

福泽谕吉是在什么背景下这样讲的呢？他在甲申政变刚发生后，在《时事新报》社论中这样写道："我国不应坐等邻国文明开化后与之共同振兴亚洲。不如从与之为伍中脱离出来，而与西洋的文明之国共进共退，（中略）应该按照西洋人与之相处的方法而处之。"

他说的是，不要与亚洲的开国有牵连。日本没有那样的精力。这就是"脱亚"。不如与西方列强保持同一步调，一旦介入亚洲的时机到来，就不要放过。这就是"入欧"。这是他要说的意思，是他趁甲申政变这一恰好时机而发表的言论。

但是，日本没有那样做。日本介入朝鲜，向清政府发动战争而获胜。而且，日本又向北方列强俄国开战，赢得了日俄战争的胜利。事态如此发展，跟福泽谕吉的警告完全不同。

我把话题拉到现在，21世纪的今天，日本面临着如何处理自卫队的问题。在这里，我把这个话题插进来。

早在小泉纯一郎当政时期，日本就依据《反恐对策特别措置法》向战地派兵。同时讨论对朝鲜配备导弹采取什么样的态度。为此，有人提出"脱ア日本"。"ア"是美国。就是主张不要再追随美国了。

那以后，第二届安倍晋三政权认为平成日本应该拥有"集体自卫权"，试图通过大幅修改安保法制，进一步强化日美同盟。

集体自卫权是《联合国宪章》第51条所规定的权利，相对于防卫本国的权利的个别自卫权，承认未受攻击的第三国的权利。无论本国是否受到攻击，都有阻止与本国关系密切的国家受到武力攻击的权力。

日本在《日本国宪法》第九条中放弃了战争。永远放弃"以国权发动的战争、武力威胁、武力行使"，并且"不拥有陆海空军及其他战争力量""不承认国家的交战权"。

即便如此，自卫队是存在的，而且，包括承认日本直接受到外来攻击时阻止其攻击的"个别自卫权"等，近年的解释发生了变化。但是，"集体自卫权"是即使本国没有受到攻击也可以向对方施加武力攻击的权利。那样的话，很可能超越国家规定的自卫权范围而允许"以国权发动的战争"。因此，有争议认为，集体自卫权是违背宪法的。

然而实际上，在日本早已建有许多美国的军事基地。这是因为日本发动了太平洋战争后战败，日本被同盟国（又称反法西斯同盟。）占领了。

那时，美国和苏联争相瓜分日本，结果，美国单独占领了日本。而德国的领土和首都大柏林被美苏英法分割成四块，后来连国家也被一分为二。

日本吸取德国的教训，决定向美国提供军事基地、签订安全保障条约，请美国替自己承担来自外国的武力攻击。至今为止，一直都是这样解释的。为此，在日本各地设置了美军基地，其中近70%的基地集中在冲绳。这也是至今为止的解释。

然而实际上，日本政府并不是为了阻止邻国的军事行为而发动个别自卫权，而是为了满足"美国的要求"而答应向海湾地区等地派遣自卫队的。这一旦成为集体自卫权，难道不是更危险的问题要发生井喷吗？现在，这一问题成了争论的焦点。

置身于"历史的现在"的我们，会用什么样的世界观或历史观思考这样的问题呢？我在西方卷第13讲中会详细讲解。这里，我们回到明治时代的"两场战争"这一话题。

不得不参加的"瓜分世界的游戏"

日本在甲午战争中获胜了。日本帝国以朝鲜半岛为战场打败了清朝,等于近代日本通过担当"亚洲的近代化"这一脚本的主角,换得了作为战胜国而扩张的资格。

但是,这样的脚本究竟是不是幕末以来的日本经反复琢磨而写成的呢?不一定。用一句话说,日本加入了列强准备好的"全球标准"中(这是后述的"世界帝国的规则")。既然加入其中,就意味着,不管战胜还是战败,不管在何处建立殖民地还是现有殖民地被剥夺,都不得不在资本主义市场中不断沉浮,把国家经营下去。仅此而已。

也就是说,贪图"世界"的国家意志,必然跟其他的国家意志在什么地方发生冲突。既然如此,即使国家被分裂,也无从抱怨。请各位读者回忆一下我在东方卷第1讲举的格鲁吉亚和南斯拉夫的例子。

我认为,许多国民国家脚本中的主要模式,是由英国建立的。我怀疑,在发动了甲午战争的明治日本,不仅政府、军部、福泽谕吉，甚至连绝大多数的报人和知识分子也都没有预测到自己的命运会被一次又一次地卷入战争之中。后来昭和史的悲剧就是这样形成的。

与列强为伍并发动对外战争，会给日本带来什么样的命运呢？这在日本赢得甲午战争而签订马关条约之后，立即显露出来了。这就是所谓"三国干涉"。

伊藤博文和陆奥宗光代表日本明治政府，同中国清政府全权大使李鸿章谈判，双方于1895年签订了《马关条约》（日本称《下关条约》）。对日本而言，主要有五项成果：①中国承认朝鲜独立，②把辽东半岛、台湾、澎湖群岛割让给日本，③赔偿日本2亿两白银，④向日本提供最惠国待遇，⑤增开沙市、重庆、苏州、杭州为商埠等。中国承认朝鲜独立是指，终于可以让朝鲜摆脱与清朝的宗藩关系。

但就在此时，发生了出人意料的列强三国的干涉。俄国、法国、德国突然插嘴让日本"把辽东半岛还给清朝"。日本考虑到国家实力和同列强之间的关系，不得不忍气吞声。但是，日本国民不答应。当时的明治日本是拥戴天皇的君主立宪制，因此实际上不是"国民"而是"臣民"，却针对政府的软弱外交掀起了猛烈的批判。可以说是日本最早的民族主义风暴。这一风潮热到如此地步，在日本史上是第一次，简直是怒号的民族主义。相比之下，蒙古人入侵时神风般的民族主义则是安堵的民族主义。

以至于日本政府不得不发表声明说："必须忍受难以容忍的事情。大家都卧薪尝胆，等待时机。"

到底发生了什么？不是有人"欺负日本"。虽然这也多少有一些，但更主要的是列强真的染指瓜分东亚了。这一点是不容忽视的。

列强在甲午战争之前忙着做什么呢？我有后述，就是瓜分黑暗的大陆——非洲。世界进入了被帝国主义列强瓜分的时代。极为野蛮的瓜分游戏蔓延了整个非洲。而后，列强又把这一瓜分游戏的舞台转向了东亚。

那么，日本该怎么办呢？只有一边卧薪尝胆，一边加入"世界瓜分游戏"成为列强日本。而且只有向"邻国"露出獠牙。

在当时的日本，三国干涉引起全民愤然。其中有人叫嚣对抗清朝或俄国。各种阴谋交织在一起。所谓壮士们狂轰乱叫。例如，因《oppekepe 小调》①的流行而风靡一时的川上音二郎演了"壮士剧"，以激发日本人奋起，或嘲笑其半途而废。（钟情于川上音二郎而跟他结婚的是芳町艺者川上贞奴，日本第一号女演员。）

但是，找不到逆转事态的手段。就在此时，发生了骇人听闻的"闵妃弑害事件"（乙未事变）。其实应该说，这个事件是日本方面谋划的。

---

① オッペケペー節。明治时代的流行歌曲。

"闵妃被害事件"所引发的意外结局

朝鲜因《马关条约》其"独立"姑且得到了承认,正式进入了为独立积蓄实力的阶段。农民运动再燃。

如果这样下去,朝鲜真的独立的话,日本的卧薪尝胆不知要继续到什么时候。这样想的人一定不少。于是,新任驻朝公使,叫三浦悟楼的陆军中将,实施了一个奇怪的计划。计划绑架高宗的妃子闵妃,再次推戴大院君发动军事政变。却在混乱中杀死了闵妃。于是,把凶手说成是来历不明的壮士,日本应大院君的要求派兵平息事态。三浦悟楼策划了这样的脚本,并付诸行动。这就是"闵妃弑害事件"。

我曾经读过角田房子写的纪实小说《暗杀闵妃》(新潮文库),这一事件的幕后事实令人震惊。我很想写这本书的读后感。历史上,这一阴谋转瞬间成了日俄战争的导火索。

简单地说,朝鲜出现了新的"为国母复仇派"和"俄国派"。国母指闵妃。俄国派(即亲俄派)则主张推翻当时的金弘集政权与日本对抗。为此,他们借助停泊在仁川的俄国军舰上的兵力推翻政权，把高宗转移到了俄国公使馆。

高宗把俄国公使馆看作自己的王宫。这是非常奇怪的，这个比喻可能有些不妥，就好像假设在日本发生了推翻天皇的军事政变，而天皇或皇太子参与这一阴谋并逃进英国大使馆或德国大使馆一样。

朝鲜从此改称"大韩帝国"。这一期间，反日义兵运动和抗日上疏运动高涨。也就是说，三浦梧楼设计并实施的阴谋向着极其危险的方向发展。

于是，日本决心要跟俄国决一胜负，以逆转形势。但是，要避免甲午战争之后的三国干涉那样的事态发生。还有，发动战争需要庞大的军费开支。考虑到筹措军事预算以及有限的战斗力和资金，时不可待。日本一面与英国签订"日英同盟"，一面下决心发动与俄国的战争。

英国为什么站在日本一方呢？如上所述，是为了阻止俄国在亚洲称霸。英国忙于野心勃勃地瓜分非洲，错过了出手亚洲的时机。日本帝国向英国提出邀请时，英国立即答应了。但是，即使日本跟俄国交战，朝鲜半岛也命运未卜。明治日本下了一个最大的赌注。

因此，甲午战争并没有到此结束。接下来的部分请读西方卷第10讲。

始于探险与发现的掠夺竞争
——世界被瓜分

到这里，我们对19世纪列强的动向和日本的动向进行了纵向分析和横向对比。那么，欧洲列强后来又如何呢？几乎都同时进入了"帝国主义（imperialism）"阶段。

"帝国主义"一词最早是指古代罗马帝国凭借军事实力扩张领土以统治其他的民族。从19世纪末到20世纪，抱有同样野心的列强露出了獠牙。与古代罗马不同的是，列强的先锋们发出了"瓜分世界"这一令人震惊的口令。被瓜分的是列强尚未染指的地球上的所有地方。那些地方，在他们眼中是"野蛮的领域"，便理直气壮地进行瓜分，却把这种掠夺行为冠以"文明化"的美名。

这不如说是"分配世界"。列强们瓜分世界的野心膨胀。非但"文明化"，反而极其野蛮。在世界史中，将其说成"现代国家成了帝国主义国家。"

我是在学生时代读列宁写的《帝国主义论》时，知道"帝国主义"这个说法的。列宁在俄国革命即将爆发前流亡到瑞士,而《帝国主义论》就是他在瑞士期间写的。最早把这部著作翻译成日文的是幸德秋水。

在书中,列宁对帝国主义做出了如此评价:"帝国主义是资本主义的最高阶段。"资本主义经过以下几个阶段而不得不成为帝国主义。这是必然的趋势。

①巨型企业寡占市场。②同样,大银行对中小银行的吸收合并促进金融市场的寡占化。③于是,大银行独占大企业股份的现象增加,由金融资本统治资本主义社会的现象发生。④另一方面,更加积极地向外国投资、通过出口追求对外利益。⑤最终,跨国企业纷纷诞生,并由跨国企业开始分割世界。⑥赢得这些成果的帝国主义各国纷纷尝试将世界进行再殖民地化。⑦在世界范围内,帝国主义的保护国和属领化不断扩大。

虽然站在今天这一角度,会觉得有些老生常谈,但列宁的预言果然成了现实。

资本主义列强暴露出其帝国主义野心的,就是"瓜分非洲"。

非洲常被称为"黑暗大陆"。当然不可能是黑暗的。欧洲人长期做黑人奴隶贸易,所以,有这种说法。在非洲生活的人们凭借非洲特有的资源与文化,建设了人类发祥地之一的非洲大陆。但是,列强们却没有这么看。

1871年(正值明治初期),美国记者亨利·莫顿·史丹利为寻找一个失踪的男人进入了非洲内地。那个男人是名叫戴维·利文斯通的英国探险家。

利文斯通曾到过卡拉哈里沙漠、赞比西河流域、刚果低地、大湖地方等探险。现在电视频道"探索频道"或"国家地理"拍摄的恩加米湖、维多利亚瀑布、马拉维湖都是由利文斯通发现的。

我小时候，母亲给我买来利文斯通探险记的图画书，让我兴奋不已。我至今还记得，利文斯通和大犀牛搏斗的场面。还有，英国作家约瑟夫·康拉德有一部杰作叫《黑暗之心》(1902年) 描写的是瓜分非洲的幕后世界。

故事的主人公名叫马洛，因向往未知的非洲，在一家法国的贸易公司谋得一职。马洛花了一个多月的时间，到达了在非洲当地的办事处。他看到黑人们拿着象牙交换碎棉花和玻璃球，许多黑人奴隶身上戴着锁链。马洛正好奇黑人们是从哪里弄到象牙时，听说在刚果河上游有一个叫库尔兹的人掌管这个业务。

马洛很想到当地看看，却遭到总部的阻拦。马洛偷偷地组织了一个小团队，沿着刚果河逆流而上。展现在马洛眼前的是，一个奇异的"库尔兹王国"。马洛从一个俄国青年口中探出库尔兹的野心。可是，对方不断地说"库尔兹是上帝"。接下来，好像噩梦一般的幻影一个又一个地出现，事态毫无进展。有一天，听说库尔兹病情恶化，马洛就开始准备营救他。

约瑟夫·康拉德的小说《黑暗之心》是奥森·威尔斯、斯坦利·库布里克、弗朗西斯·科波拉都想搬上银幕的杰作。但是，谁都没有成功。斯坦利·库布里克不得已参照约瑟夫·康拉德的作品，制作了《2001 太空漫游》。弗朗西斯·科波拉则把舞台搬到了越南，拍摄了《现代启示录》。不难看出，这是西方要揭露自己的"罪恶"时的最佳脚本。1993 年，终于由尼古拉斯·罗伊格把《黑暗之心》搬上了电视屏幕。库尔兹这一角色是由约翰·马尔克维奇扮演的,阴险恐怖。

附带说一下,夏目漱石非常喜爱约瑟夫·康拉德的作品。国际著名文学理论家与批评家爱德华·萨义德也研究过约瑟夫·康拉德。

书归正传。1866年戴维·利文斯通在前往尼尔河源头的途中失踪。

于是,史丹利带领搜索队寻找利文斯通的踪迹。史丹利到达刚果河流域,为眼前丰富的天然资源所震惊。他感到这是无尽的宝藏,立即报道了刚果河流域在经济上的重要性。到这里,是探险故事的一部分。

但是,在那以后事态发生了突变。比利时国王利奥波德二世称要给史丹利一笔报酬,成立了"刚果国际协会",表面上进行学术调查,1883年(明治十六年)突然宣布"占领刚果"。

比利时到那时为止还没有殖民地。而且总是夹在德国和法国之间吃亏。比利时希望能赶上列强,就盯上了刚果。

对此,列强们没有保持沉默。最初,英国和葡萄牙表示反对,接着,德国的俾斯麦站出来,召集对非洲有兴趣的14国参加"柏林西非洲会议"(通称柏林会议)。简直就像列强们的"非洲购物"一样。为此,会议竟然开了100天。为什么花了100天呢?因为这是决定"大家来瓜分非洲"这一帝国主义游戏规则的会议。

那时,已经决定承认最先发现土地资源的国家享有"优先权"。柏林会议将刚果划为利奥波德二世的"私人领地",称为"刚果自由国"。令人震惊的是,刚果竟然成了比利时国王的私有地。因为刚果是天然橡胶、象牙和兽皮的宝库,利奥波德二世很快成为世界最富有的富翁之一。但是,他强制刚果人民劳动并加以掠夺,使人口从3000万减少到了900万。利奥波德二世死后,刚果就成了"比属刚果",即比利时统治刚果。

最初,这些事情对列强而言是无足轻重的,他们只顾争先恐后地掠夺非洲。争夺大战的主角是英国和法国,尤其英国显得更为丑恶。

列强瓜分非洲的历史

英国为什么如此恶劣呢？要想回答这个问题，首先需要了解南部非洲的历史和背景。我就从荷兰迫害科伊科伊人和英国的黑人奴隶贸易讲起。

1652年，荷兰东印度公司（Vereenigde Oostindische Compagnie）以扬·范·里贝克（Jan Van Riebeeck）为总督，在南部非洲的地方（今天的开普敦）建立了据点，作为荷兰船前往好望角的中途供应站。最初，荷兰船与土著居民科伊科伊人用家畜等进行物物交换。后来，荷兰东印度公司在附近建了农场以后，便将科伊科伊人作为雇佣劳工随心所欲地使用。科伊科伊人曾被称为霍屯督人（Hottentot）。

荷兰人侵东印度群岛，将爪哇岛西部的巴达维亚作为根据地，从此，有很多东南亚人也来到开普敦。巴达维亚，别名雅加达。在朱印船时代，日本人曾把此地称为"加格塔拉"。

过了一段时间，在开普敦的周边，许多为谋求新天地的法国的胡格诺派教徒和德国的新教徒等移民而来。就这样，在开普敦殖民地的内外，从事畜牧业的白人农民和阿非利卡人（原意为非洲定居者）逐渐增加了。阿非利卡人开始说荷兰语、法语、马来语等夹杂当地语言的阿非利堪斯语，与用大车移动的游牧民（trek）一起，在南部非洲建立了独具特色的社会。

在后面我会详细说明，这些讲阿非利堪斯语的阿非利卡人后来形成了自称布尔人的母集团。

另一方面，英国入侵非洲则始于1713年欧洲多国之间签订的《乌得勒支合约》。英国从法国手里夺得了将非洲黑人奴隶运往美国新大陆的专营权。这是以非洲西海岸为舞台的。英国通过奴隶贸易，成功地实现了连接英国、非洲、新大陆的"三角贸易"，逐步地为产业革命积累了原始资本。

18世纪末法国大革命成功后，法国军队占领了荷兰（荷兰共和国）。对此，英国反应敏感。包括后来的拿破仑军队在内，法国企图入侵印度。英国担心开普敦的荷兰东印度公司落到法国手中，立即开始了对开普敦的殖民地统治。荷兰急忙将荷兰东印度公司的领土和权利移交给名义上的巴达维亚共和国，但是，遭到了相互敌视的英国和法国的对抗。

交战结果，1815年维也纳会议后，英国名正言顺地启动了开普殖民地统治。荷兰东印度公司则在这一过程中消失了。

掌握了南部的开普敦以后，英国开始入侵埃及，直指开罗，并于1875年（明治八年）获得了苏伊士运河的管理权。苏伊士运河是连接欧洲与中东边缘地带的战略要塞，被英国拿下。英国趁势从北部入侵苏丹（当时被埃及统治），平息了马赫迪起义，并开始了对苏丹的统治。

马赫迪源于阿拉伯语，意为"导师"。苏丹（意为"黑人的土地"）的革命家穆罕默德·艾哈迈德·本·阿卜杜拉，于1881年自称马赫迪，率领信徒抵抗英国和埃及联军的入侵。他以山区为据点成立了叫"伊斯兰国家"的组织，开展游击战。1885年，在喀土穆战役中阵亡。

那以后，马赫迪的信徒们将势力扩展到埃及，在埃及与从南部入侵的法国发生了利益冲突。

法国早就想把阿尔及利亚变成自己的殖民地，不但从意大利夺取了突尼斯，而且对马达加斯加岛虎视眈眈。因此，法国企图开展横断作战，从阿尔及利亚，横穿苏丹和撒哈拉沙漠，直到非洲东岸。而英国则企图开展连接开罗和开普殖民地的非洲纵断作战。

于是，英法两国在非洲争做先锋，非洲大陆的纵横两道分断线交锋。结果，1898年（明治三十一年）英法两国在苏丹的法绍达发生冲突，这就是著名的"法绍达事件"。第二年，经双方交涉，法国作出让步，英国占领了苏丹，法国则获取了摩洛哥的优先权。1904年（明治三十七年）两国签订了《英法协约》（Entente cordiale）。那一年，正好石川啄木在道玄坂的与谢野铁干和晶子家当学徒。就这样，野心勃勃地企图歼灭非洲的英国继续向南部非洲增兵，于1899年（明治三十二年）发动了布尔战争（南部非洲战争）。第一次布尔战争之后，又发动了第二次布尔战争。两场布尔战争都是英国历史上最为丑恶的侵略战争。我对英国人这样讲的时候，他们总是直截了当地回答说："那实在太残酷无情了。不要再说了。"

英国史上最丑恶的侵略战争
——布尔战争

布尔人是阿非利卡人的后裔。最初，从荷兰移民至开普地区北部。我在东方卷第 3 讲中讲过，其祖先在流亡分子的时代，为谋求新天地而移民到了非洲。

他们自称为布尔人。19 世纪，布尔人赶走了祖鲁族人，建立了纳塔利亚共和国，1839 年被英国吞并。布尔在荷兰语中意为"农民"。祖鲁族人属于尼日尔刚果语族，种植玉米、甘蔗、棉花等，饲养牛、驴、羊等，是半农半牧的部族。19 世纪初，恰卡·祖鲁率领军队征服了周边部族，建立了祖鲁王国，后因败给英国而被瓜分了。

布尔人拥有不屈的开拓精神，在失去纳塔利亚后，迁徙至非洲大陆内部，于 1852 年建立了"德兰士瓦共和国"，两年后又建立了"奥兰治自由邦"。最初，这是经英国认可的。后来，在德兰士瓦共和国发现了金矿，在奥兰治自由邦发现了钻石矿山，于是，各国的白人矿山技师和商人大量涌入。英国以保护这些白人为名占有了奥兰治自由邦，接着吞并了德兰士瓦共和国。

1880年12月布尔人在保罗·克留格尔司令的率领下向英国宣战，奋勇抵抗。这就是第一次布尔战争，也叫德兰士瓦战争或者南部非洲战争。英国难以取胜，不得已签订普利托里亚协定，承认了德兰士瓦共和国的独立。

但事态并未就此平息。试图向世界炫耀维多利亚女王威严的英国并未就此放手，接着，发动了持续三年的第二次布尔战争。

1890年，塞西尔·罗得斯（Cecil John Rhodes）就任英属开普殖民地总理。他是牧师的儿子，因病弱移居南部非洲，后与财阀罗斯柴尔德家族合伙，获得了南部非洲的黄金和钻石。就任开普殖民地总理后，塞西尔·罗得斯继续开拓殖民地，于1899年创立了英国南非公司，并建起了冠以自己名字的"罗得西亚（Rhodesia）"殖民地。

1888年，塞西尔·罗得斯建立了戴比尔斯联合矿业公司（De Beers Consolidated Mines），独占了当时南部非洲的钻石。现在该公司仍占有全世界钻石的八成。罗得西亚现为津巴布韦共和国。

塞西尔·罗得斯于1895年谋划将德兰士瓦共和国和奥兰治自由邦同时吞并。他派部下潜入，却遭到失败。塞西尔·罗得斯卸任首相后，英国政府派来了殖民地大臣约瑟夫·张伯伦（Joseph Chamberlain）。张伯伦年轻时曾在叔父经营的螺钉工厂帮忙。后就任伯明翰市长，又在格莱斯顿内阁中历任外贸大臣和自治大臣，在索尔兹伯里侯爵第三次执政时，张伯伦就任殖民大臣，并被派驻南部非洲。

正是张伯伦主张彻底实行英国帝国主义政策而进行扩张的。当时在开普殖民地,来自世界各地的矿山技师和商人蜂拥而至,约翰内斯堡一夜之间成为贫民区。

第二次布尔战争的经过十分错综复杂,无法简单介绍。大致如下:

张伯伦跟开普殖民地总督阿尔弗雷德·米尔纳、矿业辛迪加的老板们、军部将校们一起策划通过交涉来击败布尔阵营。但是,第一次布尔战争时的布尔军司令保罗·克留格尔成为德兰士瓦共和国的总统,与奥兰治自由邦总统 M.T. 史坦恩联手对抗英军,寸步不让。1899 年 10 月,双方发生了激烈的武装冲突。

参加战斗的布尔军是由民兵部队自由组织而成的。持联装步枪的骑兵队打游击战,让英国军队措手不及,无法反击。12 月发生了在英国历史上被称为"黑暗的一星期"事件,造成大量人员伤亡。1900 年,胜败难分。6 月,12 万布尔人被关进集中营后,英军司令霍雷肖·基奇纳开始实行彻底的焦土政策。2 万余人死于集中营内。

但是,战事一直对英国不利。25 万人的英国部队被布尔军游击队打得晕头转向。1901 年,双方屡次激战,不分胜负。1902 年春天,打响了西德兰士瓦战役。1903 年 5 月布尔军投降。英国利用弗里尼欣(Vereeniging)和约,吞并了德兰士瓦共和国和奥兰治自由邦。金矿和钻石都落在英国手中。这就是布尔战争的来龙去脉。

布尔战争是世界史上最早的帝国主义战争。不仅如此,还是英国史上最丑恶最无人道的战争。在那以前讴歌"光荣孤立(Splendid Isolation)"的英国,在这一时点,发生了逆转。

日本与这样的英国结成日英同盟，正是把精力花在非洲的英国对面临俄国南下威胁的东亚垂涎三尺，却无法出手的时候。

瓜分非洲的疯狂
——帝国主义的野心

帝国主义瓜分非洲在近现代史的各种各样的疯狂中，是极为突出的。特别是几十个国家通过商量来决定瓜分地盘的大小。

非洲长期以来，被看成是"无主之地""野蛮之地"。在地球上只要是有人居住的地方，无论是哪里都不可能是"无主""野蛮"的。然而，当时就是这样规定的。正因为如此，只要打着"文明化"旗号，无论怎样的暴举都成了名正言顺的。我认为，那时的"文明化"在20世纪后半叶被冠上了"民主化"之美名。现在姑且不谈这个话题。

赤裸裸地暴露出帝国主义野心的不仅是英国和法国。德国对英法协商极为不满，把魔爪伸向了摩洛哥。统一后的意大利长期垂涎埃塞俄比亚。为了防止这一辽阔的土地落到意大利手中，法国利用孟尼利克二世，促使埃塞俄比亚独立。

结果，在瓜分非洲的漩涡中完成自主独立的只有埃塞俄比亚和利比里亚，其余的非洲各地几乎都遭到了瓜分。正因如此，非洲地图上的国境线大都是一目了然的直线，就像划分住宅区一样。

列举如下。（　）内是现在的国名。

成为英属殖民地的有埃及、英属苏丹、英属东非洲（肯尼亚、乌干达）、尼日利亚、英属黄金海岸（加纳）、英属索马里兰、南罗德西亚（津巴布韦）、北罗德西亚（赞比亚）、贝专纳兰（博茨瓦纳）、冈比亚、塞拉利昂、奥兰治自由邦、尼亚萨兰、还有英属南部非洲（经南部非洲联邦，现为南部非洲共和国）。

英国收获甚大。

法属殖民地也非常之大。法属阿尔及利亚、摩洛哥、突尼斯、法属索马里兰（吉布提）、马达加斯加、科摩罗群岛、法属赤道非洲（加蓬、刚果、乍得、乌班吉、沙里），还有法属西非洲。西非洲包括现在的毛里塔尼亚、塞内加尔、法属苏丹、几内亚、科特迪瓦、尼日尔、达荷美等。

德属殖民地是喀麦隆、布隆迪、卢旺达、南西非洲、坦噶尼喀、多哥。意属殖民地是利比亚、意属索马里兰（索马里）等。比利时的殖民地是比属刚果（刚果民主共和国）。葡萄牙的殖民地有安哥拉、葡属刚果、葡属东非洲（莫桑比克）等。西班牙的殖民地有西属撒哈拉、摩洛哥北部保护国，并占领赤道几内亚的一部分。

以瓜分非洲为代表的瓜分世界竞争，成了第一次世界大战的前奏曲，令人目不忍睹。在这样的世界形势下，日本以远东地区为舞台着手准备日俄战争。日本帝国的战场是跟非洲相距甚远的朝鲜半岛。日本即将与俄国交战。

日本发动侵略战争

1899年3月，义和团在山东省西部起义，和德军发生了武装冲突。在山东省，胶州湾被德国占领，威海卫被英国占领。因此，这里成了焦眉之地。

日本借口甲午战争的赔款抵押，武装占领了山东三年。就在那时，义和团提出了"扶清灭洋、替天行道"的口号。

日本迫不及待地与列强为伍。包括日本在内的列强八国组织了联军。2万余人的军队中，一半是日本兵。八国联军攻下天津以后趁势进攻北京，在天津、北京镇压了义和团。光绪帝和西太后逃离宫廷。1900年义和团军北上，并扩大势力。俄国以此为借口向中国东北部出兵，仅用三个月就控制了整个东北。

当时日本的驻俄公使是小村寿太郎。在那以前，小村寿太郎同俄国方面交涉的只有朝鲜问题。但那时，把中国东北（日本称满洲。）问题也加了进去。日方提出了所谓"满韩交换"方案。即日方承认俄国在中国东北的优先权，同时，俄方承认日本在朝鲜的优先权。

小村寿太郎认为，为了让朝鲜问题对日本有利，如果把中国东北问题拉进来作为交换条件，就会促使俄国让步。他打算在俄国统治中国东北的同时，日本得手朝鲜。

当时的日本还没有像后来的昭和史那样，把俄国占领中国东北视作威胁。这就发生了地缘政治学问题。

另一方面，俄国驻日公使罗曼·罗森（Roman Rosen）建议，将朝鲜半岛一分为二，由日俄平分。

横跨俄国的大西伯利亚铁路已经修到了符拉迪沃斯托克。俄国希望在中国东北或朝鲜半岛建立据点。因此，提出了平分朝鲜半岛的建议。这遭到日本外务大臣青木周藏的反对。

青木周藏是值得关注的明治时代的政治家。他曾经为实现修改条约而奔走，还主张日本有发展啤酒酿造业的必要。青木周藏的妻子是在德国生活了25年的德国人，叫Elisabeth von Rhade。那须盐原至今保留着由松绮万长设计的青木邸。

1901年（明治三十四年），11国列强和清政府之间签订了《辛丑条约》，又称《北京议定书》。条件极为苛刻，甚至有使清朝崩溃的可能。但如果把清朝逼上绝路，对列强而言也没有什么油水了。因此，各国又把矛头从清朝转向了俄国。

如此这般，日本同忙着瓜分非洲的英国在侵略亚洲方面达成了一致，1902年签订了日英同盟，一切都准备就绪。《东京朝日新闻》和《读卖新闻》都主张强硬外交，东京帝国大学的教授们发表《七博士意见书》，国内舆论一齐指向开战论。

只剩下日本向俄国宣战了。因为日本一直不断地筹措战争费用，所以，最理想的是开战后立即处于优势，致使尽早讲和。

日本终于可以跟列强之一的俄国交战了。即使胜利了，以后也不得不一边同列强竞争，一边在全球游戏规则下求生存。当时反对开战的知识分子中，著名人士只有内村鉴三和幸德秋水等人。这两个人不是"反战派"而是"非战派"。石川啄木也屏息关注着时局的发展。

甲午战争、日俄战争获胜后，日本的战利品
——吞并韩国

地図の上
朝鮮国に黒々と
墨を塗りつつ秋風を聴く

用笔墨把地图上的朝鲜国，
涂成漆黑一团，
但闻秋风声瑟瑟。

这是1910年（明治四十三年）9月9日，石川啄木写的和歌。

那时，正好是日韩正式合并以后。当天夜里他创作了"明治四十三年秋，我的心变得严肃又悲哀"，"哎呀，手腕突然被桂首相攥住，从梦中惊醒，才秋夜两点"，还有"时代闭塞的现状如何是好？秋色愈深思虑愈深"。加上本讲开头出现的"谁给我也来一枪，我要像伊藤那样死给人看"等和歌。石川

啄木的"9月9日"成为后来石川啄木研究中的重要分歧点。

日本赢了日俄战争。得知乃木希典率领陆军攻下203高地、日本海军在日本海击沉波罗的海舰队的时候，石川啄木写和歌表达了欣喜之情。

但是，日俄签订的《朴次茅斯和约》还是引起了日本民众的不满。日本国内充斥着再强硬一些、再多要求一些、再打一仗等舆论。聚集在日比谷的民众引发骚乱，以至于桂太郎首相颁布了东京戒严令。

打赢了甲午战争和日俄战争的日本到底得到了什么呢？

是打败了列强之一的俄国，因此就能炫耀大国实力了吗？

是获取了半个桦太吗？

是"满韩交换"方案突然变得有利，而日本在满洲的权益增加了吗？

这些收获确实有。

有是有，却什么都进行得不顺利。例如，关于作为悬案的满洲，虽然日本获得了南满铁路的修建权，但是，这成为跟中国以及欧美之间长期冲突的主要原因。美国的铁路王哈里曼提出共同经营南满铁路时，最初日本认为这是筹措资金的好机会，一口答应，过后却拒绝了。于是，对大正、昭和史影响巨大的"满洲问题"揭开了帷幕。跟甲午战争结束时一样，作为战胜国，日本并没有得到所期待的东西。

如果把这些事情放在一起思考，那么，赢得甲午战争、日俄战争的日本所获得的最大利权就是"吞并韩国"。正如两场战争的交战双方都针对朝鲜半岛一样。

结果，打赢两场对外战争的日本，一举推行"日韩并合"计划。日本不得不把所有的成就感寄托到大韩帝国的殖民地化上。① 正如石川啄木在和歌中所说，把地图上的"朝鲜国"用笔墨涂成漆黑一团。

吞并大韩帝国计划从《第一次日韩协约》起，到《第三次日韩协约》，几经周折，终于以《日韩合并条约》的形式完成了。日本方面一直使用"保护国化"这样的措辞。

把大韩帝国作为保护国，这是日本的脚本，也是日本向列强各国的解释。列强勉强承认。但是，这一过程显而易见是殖民地化。"并合"一词是政治上的新词，在日本国内舆论看来，是顾及了坚持"日韩提携"的伊藤博文的面子。伊藤博文的"提携"是不够彻底的。用"并吞"，有些言过其实。所以，用"并合"正好。伊藤博文对"并合"持怀疑态度。

如此这般，明治政府设置"韩国统监府"，伊藤博文为第一任统监。大韩帝国提出把统治权让与日本天皇，日本接受这一提议，着手准备吞并韩国，而总督府则以此为基础。

后来1965年，时任日本首相的佐藤荣作在众议院的日韩条约特别委员会上，关于"日韩并合"做出了以下的答辩，说："这一条约是在平等条件下、按照自愿原则签订的。"然而，事实并非如此。表面上是保护国化，实质上不管怎么看都是殖民地化。

吞并韩国让明治末期的日本人感到喜悦。不仅如此，以此为契机，国内舆论中出现了主张日本人和朝鲜人同祖同先的所

---

① 1896年，朝鲜高宗在俄国的支持下，"升级"为伪政权大韩帝国，从此李氏朝鲜改国号为"韩"。

谓"日鲜同祖论"。还出现了日本为朝鲜带来了繁荣和幸福的所谓"保护国论"。甚至出现了主张日本和韩国应该合二为一的所谓"日韩合邦论"。最后，出现了主张把日本的"慈爱"渗透到朝鲜半岛的所谓"天皇赤子慈爱论"。

这一所谓"日韩并合"为后来的日本和韩国的历史留下了什么，是不言而喻的。这跟麦克阿瑟的朝鲜战争问题一样，现在到了应该正视历史的时候了。

《日韩合并条约》自1910年（明治四十三年）8月29日起正式生效。正值明治时代即将落下帷幕。明治日本是花费四十多年，一直向着吞并朝鲜半岛而不断挺进的。1909年，伊藤博文在哈尔滨站被韩国青年安重根暗杀。石川啄木在和歌中叹道："谁给我也来一枪，我要像伊藤那样死给人看。"石川啄木并不是为伊藤博文的死感到惋惜，也不是为伊藤的命运而悲叹。石川啄木是因明治日本患有"时代闭塞症状"并走向终焉，而感慨万千。

然而，把这些用"辗转变迁"这一相互记谱的视点来看，可以说全世界都陷入了闭塞的时代之中。安重根的一声枪响，不仅对日本，而且对近代朝鲜具有深远影响，甚至响彻了整个东亚社会乃至全世界。

那么，后来日本又怎样了呢？

接下来，我讲一讲昭和史。我要讲的一部分是，20世纪的世界和日本有着怎样的"思想"和"文化"。用一句话说，是建立在"进步思想"之上的。

（东方卷完）